HEYNE
BÜCHER

W0038849

DER DUFTENDE GARTEN DES SCHEICH NEFZAUI

Vollständige
und illustrierte Ausgabe

Herausgegeben
von Werner Heilmann

WILHELM HEYNE VERLAG

MÜNCHEN

HEYNE ALLGEMEINE REIHE
Nr. 01/8350

Ins Deutsche übertragen und nach einem französischen
illustrierten Privatdruck des 19. Jahrhunderts
ergänzt und bearbeitet von Christopher Hartlech

Den farbigen Abbildungen nach den Seiten 144, 192
liegen persische und indische Gemälde
des 18. und 19. Jahrhunderts zugrunde

Copyright © 1991
by Wilhelm Heyne Verlag GmbH & Co. KG, München
Printed in Germany 1991
Umschlaggestaltung: Atelier Ingrid Schütz, München
Satz: Schaber Datentechnik, Wels
Druck und Bindung: Pressedruck, Augsburg

ISBN 3-453-05279-X

Vorrede
des Verfassers

Im Namen Allahs, des Gnädigen und Barmherzigen! Andacht und Frieden herrsche unter unserem Herrn und Meister Mohammed, unter seiner Familie und unter seinen Anhängern!

Den gelehrten Scheich und Imam, den großen Lehrer, das würdige und weise Vorbild Abu Abdallah Mohammed Ibn Omar al-Nefzaui möge der Allerhöchste mit seinem Erbarmen übergießen, Amen!

Er hat gesagt:

Gepriesen sei Gott, der zur größten Lust des Mannes die Frau geschaffen hat, und zur größten Lust der Frau den Mann.

Er gewährt dem Körper der Frau nur dann Befriedigung, wenn sie sich mit dem Körper des Mannes vereinigt; gleicherweise hat der Mann weder Rast noch Ruhe, bis er mit der Frau zutiefst verbunden ist.

Dieser wechselseitige Vorgang geht bei Mann und Frau in der Art eines lebhaften Kampfes vor sich. Als Folge der Berührung der Körper läßt die Wollust nicht lange auf sich warten. Der Mann tut sein Werk wie ein Stößel, wobei ihn die Frau durch wollüstige Bewegungen unterstützt — bis zuletzt die Ergießung erfolgt.

Der Kuß auf den Mund, der Kuß auf beide Wangen, auf den Nacken, nicht minder das Saugen an den frischen Lippen, sind Gaben Gottes, um die Erregung im günstigsten Augenblick hervorzurufen. Gott hat auch die Brust der Frau durch den Busen verschönert; er hat sie mit einem doppelten Kinn ausgestattet und ihren Wangen einen rosigen Schimmer verliehen.

Augen hat er ihr gegeben, um Liebe einzuflößen — mit Wimpern, scharf wie geschliffene Klingen.

Er hat sie mit einem runden Bauch versehen, mit einem schönen Nabel und einem majestätischen Hinterteil; alle diese Wunder werden getragen von den Schenkeln. Zwischen diese hat Gott die Arena des Kampfes gelegt; ist sie mit einer üppigen Fülle Fleisches versehen, so gleicht sie dem Haupt eines Löwen; sie heißt Schoß. Oh, wie viele Männer sind vor diesem Tor zugrunde gegangen — und wieviel Helden waren doch unter ihnen!

Gott hat dieses Organ mit einem Mund, einer Zunge und zwei Lippen ausgerüstet; es erweckt den Eindruck der Hufspur einer Gazelle im Wüstensand.

Die Schenkel sind zwei wundervolle Säulen, die für die Allmacht und die Weisheit Gottes zeugen, sie sind nicht zu lang und nicht zu kurz, und sie sind geschmückt mit Knien, Waden, Kniekehlen und Fersen, an die sich kostbare Finge anschmiegen.

Der Allmächtige hat die Frau des weiteren in ein Meer von Glanz, von Wollust und von Wonnen getaucht, und sie mit kostbaren Kleidern bedeckt, mit funkelnden Gürteln und mit einem aufreizenden Lächeln.

Gepriesen sei er und gelobt, der die Frau geschaffen hat mit ihren Schönheiten, mit ihrem Lust erweckenden Fleisch; der ihr prachtvolles Haar gegeben hat und eine schöne Gestalt, schwellende Brüste und die Liebesgebärden, welche die Lust entflammen!

Der Herr des Weltalls hat den Frauen die Macht der Verführung verliehen; alle Männer, ob schwach oder stark, hat Gott der Liebe zur Frau unterworfen. Die Frau dient dem Mann zur Gesellschaft oder zur Zerstreuung, sie veranlaßt ihn zum Verweilen oder zum Wandern.

Das Verlangen, das in den Herzen derer wohnt, die lieben und die von dem Gegenstand ihrer Liebe getrennt sind, läßt ihre Herzen im Feuer der Liebe brennen; das Verlangen läßt auf ihnen die Unterwürfigkeit, die Geringschätzung und das Elend lasten und unterwirft sie allen Wechselfällen, die sich aus ihrer Leidenschaft ergeben: und all dies als Folge des glühenden Verlangens nach Vereinigung mit einer Frau.

Ich, der Diener Gottes, weiß ihm Dank dafür, daß keiner sich vor der Liebe zu einer schönen Frau zu schützen vermag und keiner dem Verlangen, sie zu besitzen, entkommen kann — nicht durch den Ortswechsel, nicht durch die Flucht, nicht durch die Trennung.

Ich bezeuge, daß es keinen anderen Gott gibt als den einzigen Gott und daß er keinen anderen neben sich hat. Dieses Zeugnis hebe ich sorgsam auf für den Tag des Jüngsten Gerichtes.

Desgleichen bezeuge ich, was unseren Herrn und Gebieter Mohammed betrifft, den Diener und Gesandten Gottes, den größten Propheten; der Segen und das Erbarmen Gottes seien mit ihm und mit seiner Familie und mit seinen Schülern!

In Gebeten und Segenssprüchen verharre ich bis zum Tag der Vergeltung, jenem furchtbaren Augenblick.

Um meinen Lesern dienlich zu sein, habe ich dieses Buch, dem eine gewisse Bedeutung zukommt, verfaßt, und zwar nach einem kleinen Werk mit dem Titel »Tannwir al-biqa fi asrar al-dschima«, also »Die Fackel der Welt, worin die Geheimnisse der Zeugung dargelegt sind«. Die Umstände seiner Entstehung haben ihre Geschichte. Jenes Werkchen kam zur Kenntnis des Vezirs und unseres Herrn Abd-el-Aziz, des Herrschers von Tunis.

Jener berühmte Vezir war sein Dichter, sein Genosse, sein Freund und sein Privatsekretär. Er war klug im Rat, redlich, scharfsinnig und weise, der gelehrteste Mann seiner Zeit, von einem umfassenden Wissen in allen Dingen. Er nannte sich selbst Mohammed ben Ouana ez Zonaoui und leitete seine Abstammung von den Zonaoua ab.

Er war in Algier erzogen worden, und hier lernte ihn unser Herr Abd-el-Aziz el Hafsi kennen.

Am Tag der Einnahme Algiers flüchtete dieser Herrscher mit ihm nach Tunis — möge Gott dieses Land mit seiner Macht behüten bis zum Tag der Auferstehung! — und ernannte ihn zu seinem Großvezir.

Als das oben genannte Buch in seine Hände kam, schickte er nach mir und lud mich aufs dringendste ein, ihn zu besuchen. Ich begab mich alsbald in sein Haus, wo er mich aufs ehrenvollste empfing.

Drei Tage später kam er zu mir und rief, mir mein Buch zeigend, aus: »Das ist dein Werk!« Als ich errötete, fügte er hinzu: Schäme dich nicht, denn alles, was du gesagt hast, ist wahr. Niemand braucht bei deinen Worten zu erschrecken. Du hast übrigens nicht als erster dieses Thema behandelt. Ich schwöre es bei Gott, die Kenntnis dieses Buches ist eine Notwendigkeit. Nur der schamlose Nichtwisser und der Feind jeglicher Wissenschaft wird es nicht lesen oder es ins Lächerliche ziehen. Aber es bleiben dir noch mannigfaltige Dinge zu erörtern.«

Auf meine Frage, was er damit meine, antwortete er: »Ich wünsche, daß du diesem Werk eine Ergänzung beifügst, in der du die Heilmittel behandelst, von denen du nichts gesagt hast, und alle Tatsachen hinzufügst, die noch fehlen, ohne etwas zu übergehen.

Du sollst darin ebenso die Motive des Zeugungsaktes beschreiben wie die Dinge, die ihm hinderlich sind. Auch sollst du die Mittel erwähnen, um die Zaubersprüche zu entkräften, und die Mittel, die geeignet sind, den Mann liebesfähig zu machen. Weise auch auf die Mittel hin, die den schlechten Geruch aus den Achselhöhlen und von dem ganzen Körper der Frau entfernen. Sprich auch von der Schwangerschaft, damit dein Buch vollständig sei und nichts fehle. Deinen Zweck wirst du erreicht haben, wenn dein Werk alle Wünsche befriedigt.«

Ich antwortete dem Vezir: »Oh, mein Meister, was du da alles aufgezählt hast, ist nicht schwer zu erfüllen, wenn es dem erhabenen Gott gefällt.«

Alsbald ging ich an die Abfassung des Werkes, indem ich die Hilfe Gottes anflehte — möge er seinen Segen auf seinen Propheten ergießen und ihm gnädig und barmherzig beistehen!

Ich habe dieses Buch überschrieben mit dem Titel »Al-Raud al-atir fi nouzhat al khatir«, das ist »Der duftende Garten zur Erholung der Seele«.

Und wir bitten Gott, der alles zum Guten wendet — und es gibt keinen andern Gott außer ihm und alles Gute kommt nur von ihm —, uns seinen Schutz zu verleihen und uns auf den rechten Weg zu führen, denn alle Kraft und alles Glück ruht nur in dem hohen und allmächtigen Gott.

Ich habe das Werk in einundzwanzig Kapitel gegliedert, um seine Lektüre dem Schüler, der zu lernen begehrt, zu erleichtern und ihn leicht den gewünschten Stoff finden zu lassen. Jedes Kapitel bezieht sich auf ein besonderes Thema, seien es nun körperliche Dinge, eine Anekdote oder List und Verrat der Frauen.

Und das ist das Verzeichnis der Kapitel:

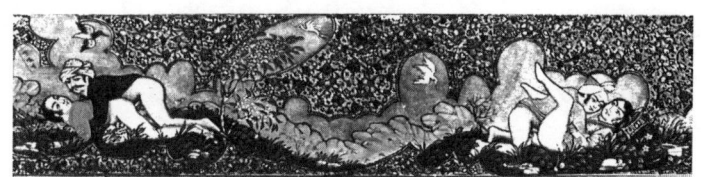

ERSTES KAPITEL

Die lobenswerten Männer

Laß dir sagen, o Vezir — möge der Segen Gottes auf dir ruhen —, daß die Männer und Frauen von verschiedener Art sind; es gibt lobenswerte und tadelnswerte unter ihnen.

Wenn ein verdienstvoller Mann sich bei Frauen befindet, wächst seine Erregung sichtbar und hält lange an. Langsam nur kommt er zur Ergießung, und nach dem Zucken, das vom Ausströmen des Samens herrührt, ist sein Glied bald wieder hart.

Ein solcher Mann ist beliebt und geschätzt bei den Frauen, da die Frau den Mann nur liebt wegen seiner Kraft. Seine Manneskraft muß daher auch äußerlich zu sehen sein. Ein solcher Mann soll eine breite Brust und ein rundes Gesäß haben. Vor allem aber soll er auch Herr sein über seine Begierden, über die Ergießung und über die Aufrichtung seines Glieds. Es soll bis zur Tiefe des weiblichen Schoßes vordringen, ihn vollständig ausfüllen in allen seinen Teilen. Ein solcher wird der Liebling der Frauen sein, denn der Dichter sagt:

Ich habe gesehen, wie die Frauen in jungen Männern die dauerhaften Eigenschaften suchen, die den fertigen Mann auszeichnen.

> Die Schönheit,
> die Heiterkeit,
> die Aufopferung,
> die Stärke,
> ausgeprägte Männlichkeit,
> die ihr das selige Glück schenkt.

Auch ein schweres Hinterteil, eine langsame Ergießung,
Eine leichte Brust, die gleichsam auf ihnen schwimmt,
Eine langsam nahende Ergießung, so daß jedesmal
Die Wonne sich unendlich verlängere,
Daß sein Glied dann bald zu neuer Aufrichtung
   gelange,
Und daß es immer wieder dahingleite über ihrem
   Schoß.
So ist der Mann beschaffen, dessen Einung das Glück
   der Frau bedeutet
Und der bei ihr die größte Wertschätzung genießt.

Man erzählt sich, daß eines Tages Abd-el-Melik ben Merouane seine Geliebte Leila besuchte und ihr verschiedene Fragen vorlegte. Unter anderem fragte er sie, welches die Eigenschaften seien, die die Frau beim Mann besonders schätze.

Leila erwiderte ihm: »Oh, mein Herr, er soll Wangen haben, die den deinigen gleichen.«

»Und weiter?« fragte Ben Merouane; sie antwortete: »Und Haare, ähnlich den deinigen; kurz, die Männer sollen dir gleichen, o Herrscher der Gläubigen, denn sicherlich, wenn ein Mann nicht mächtig und reich ist, wird er bei den Frauen nichts erreichen.«

Das männliche Glied darf, insofern es der Frau gefallen soll, in der Länge höchstens zwölf Fingerbreiten, das sind drei Handbreiten, aufweisen und mindestens sechs Fingerbreiten, was eine und eine halbe Handbreite bedeutet.

Es gibt Männer, deren Glied zwölf Finger — das sind drei Handbreiten —, andere, bei denen es zehn Finger — das sind zwei und eine halbe Handbreite — lang ist. Bei anderen beträgt die Länge acht Finger oder zwei Handbreiten. Ein Mann, dessen Glied unter dieser Länge bleibt, vermag den Frauen nicht zu gefallen.

Der Gebrauch von Wohlgerüchen regt sowohl den Mann wie die Frau zur Liebe an. Die Frau, wenn sie die Düfte, mit denen sich der Mann parfümiert hat, einatmet, fällt in Ohnmacht, und oft ist die Anwendung von Wohlgerüchen ein mächtiges Hilfsmittel für den Mann gewesen, das ihn in den Besitz der Frau brachte.

Man erzählt in diesem Zusammenhang, daß Mosailama, der Lügenprophet, Sohn des Kaiß — Gott verfluche ihn! — behauptete, die Fähigkeit der Wahrsagung zu haben, und daß er den Propheten Gottes — Segen und Heil auf ihn! — nachahmte. Aus diesem Grund zogen er und viele Araber sich den Zorn des Allmächtigen zu.

Mosailama, Sohn des Kaiß, der Lügenprophet, entstellte desgleichen den Koran durch seine Lügen und Verdrehungen, und hinsichtlich eines Kapitels des Korans, das der Engel Gabriel — Preis sei mit ihm! — dem Propheten gebracht hatte — Gottes Gnade und Preis sei ihm! —, hatte Mosailama zu ungläubigen Leuten, die ihn besucht hatten, gesagt: »Auch mir hat der Engel Gabriel ein gleiches Kapitel gebracht.«

Er sagte Herabwürdigendes über das Kapitel mit dem Titel »Der Elefant«, indem er dazu bemerkte: »In dem

Kapitel ›Der Elefant‹ sehe ich den Elefanten. Was ist der Elefant? Was bedeutet er? Was ist dieses vierbeinige Tier? Es hat einen Schwanz und ein Schwanzende und einen langen Rüssel. Wahrlich, das ist ein Geschöpf unseres herrlichen Gottes.«

Das Kapitel des Korans mit Namen El Kouter war gleichfalls Gegenstand der Kontroversen. Er sagte: »Wir haben dir kostbare Steine geschenkt, die dich vor allen anderen Menschen auszeichnen, aber hüte dich, daß es dich zum Hochmut verleite.« Mosailama hatte auf diese Weise verschiedene Kapitel des Korans durch seine Lügen und Verdrehungen entstellt.

Er war hiermit noch beschäftigt, als er vom Propheten — Gottes Heil und Gnade sei mit ihm! — sprechen hörte. Er hörte, daß, als dieser seine verehrungswürdigen Hände auf ein kahles Haupt legte, die Haare alsbald wieder wuchsen, daß, als er in einen Brunnen spuckte, Wasser im Überfluß strömte, und daß salziges Wasser sofort gut und trinkbar wurde; daß, wenn der Prophet in ein einäugiges oder krankes Auge spie, die Sehkraft unmittelbar wiedergegeben wurde, daß ein Kind, dem er mit den Worten: »Lebe hundert Jahre lang!« seine Hände auf den Kopf legte, tatsächlich hundert Jahre am Leben blieb.

Als die Schüler Mosailamas die Dinge sahen oder davon hörten, kamen sie zu ihm und sagten: »Hast du keine Kenntnis von Mohammed und seinen Taten?« Er erwiderte: »Ich werde es besser machen!«

Nun war aber Mosailama ein Feind Gottes, und wenn er seine unglückselige Hand auf ein Haupt mit wenig Haaren legte, war der Mann bald völlig kahl; wenn er in einen wasserarmen Brunnen spuckte, der gutes Wasser hatte, so ward das Wasser salzig nach dem Willen Gottes, und wenn er in ein krankes Auge spie, so verlor es sofort die Sehkraft, und wenn er seine Hand einem

Kind auf den Kopf legte mit den Worten: »Lebe hundert Jahre!« so starb es innerhalb einer Stunde.

Seht, meine Brüder, so geht es denjenigen, deren Augen sich dem Lichte verschließen und die der Hilfe des Allmächtigen beraubt sind!

So aber handelte die Frau der Beni-Temim mit Namen Chedjâ et Temimia, die sich als Prophetin ausgab. Sie erfuhr von Mosailama, und ebenso hörte dieser von ihr.

Diese Frau war mächtig, denn die Beni-Temim bildeten einen zahlreichen Stamm. Sie erklärte: »Die Prophezeiung steht nicht zwei Personen zu. Entweder ist er ein Prophet, und dann werden ich und meine Schüler seine Gesetze befolgen, oder ich selbst bin eine Prophetin, und dann werden er und seine Schüler meine Gesetze befolgen.«

Dies geschah nach dem Tod des Propheten — Gottes Gnade und Heil sei mit ihm!

Chedjâ schrieb sodann an Mosailama einen Brief, worin sie erklärte: »Die Prophezeiung kann nicht zwei Personen zu gleicher Zeit zustehen, sondern nur einer einzigen. Wir wollen uns vereinigen und uns gegenseitig prüfen, uns und unsere Schüler. Wer als der wahre Prophet erkannt wird, dessen Gesetze werden wir befolgen.«

Sie schloß ihren Brief und übergab ihn einem Boten mit den Worten: »Begib dich mit dieser Botschaft nach Yamama und überbringe sie an Mosailama ben Kaiß, ich selbst werde dir mit meinem Goum folgen.«

Am Tag darauf stieg die Prophetin mit ihrem Goum zu Pferd und folgte den Spuren ihres Abgesandten. Dieser kam zu Mosailama, begrüßte ihn und übergab ihm den Brief.

Mosailama öffnete ihn, las ihn und verstand seinen Inhalt; er war bestürzt und befragte die Leute seines

Goum um Rat, einen nach dem andern, aber er vernahm von ihnen keine Meinung oder Ansicht, die ihn aus seiner Verlegenheit hätte befreien können.

In dieser üblen Lage wandte sich einer der tüchtigsten Männer seines Goum an ihn mit den Worten: »Mosailama, beruhige deine Seele und kühle dein Auge. Ich will dir einen Rat geben wie ein Vater seinem Sohn.«

Mosailama erwiderte: »So rede denn und sei aufrichtig.«

Der andere ließ sich also vernehmen: »Errichte morgen früh außerhalb der Stadt ein Zelt aus Brokat in verschiedenen Farben, geschmückt mit Seide und Kostbarkeiten. Erfülle es dann mit köstlichen Wohlgerüchen mannigfacher Art, mit Ambra, Moschus und allen möglichen anderen Düften — wie Rose, Orangenblüte, Narzisse, Jasmin, Hyazinthe, Nelke und andere Pflanzen. Alsdann stelle in das Zelt goldene Räucherpfännchen, die mit verschiedenen Wohlgerüchen gefüllt sind, wie grüner Aloe, Ambrargis, Nedde und anderen. Weiter bindest du die Seile des Zeltes fest, damit nichts von den Wohlgerüchen entweiche. Hierauf, wenn du sehen wirst, daß ihr Duft stark genug ist, um das Wasser damit zu erfüllen, setze dich auf deinen Thron, schicke zur Prophetin, lasse sie in dein Zelt rufen und verweile dort mit ihr allein. Seid ihr solcherart dort beisammen und atmet sie die Düfte ein, so wird sie in Verzückung geraten, ihre Glieder werden sich lösen, in weicher Erschlaffung endlich wird sie das Bewußtsein verlieren. Hast du sie soweit, ersuche sie um ihre Gunst; sie wird dich nicht zurückweisen. Nachdem du sie einmal besessen hast, wirst du von der Verlegenheit, die sie dir mit ihrem Goum bereitet, befreit sein.«

Mosailama rief aus: »Du hast mir Gutes mitgeteilt! Bei Gott, dein Rat ist vortrefflich und wohl durchdacht!«

Und er befolgte ihn in allen Einzelheiten.

Sobald der Duft der Wohlgerüche stark genug war, um das Wasser damit zu erfüllen, setzte er sich auf seinen Thron und ließ die Prophetin benachrichtigen. Als er sie kommen sah, ließ er sie in sein Zelt eintreten und blieb mit ihr allein. Nun verwickelte er sie in ein Gespräch.

Während Mosailama das Wort an sie richtete, verlor sie gänzlich die Geistesgegenwart und wurde bestürzt und verwirrt.

Als er sie in diesem Zustand sah, begriff er, daß sie die Vereinigung wünsche. Also sagte er: »Nun, dann erhebe dich, auf daß ich dich besitze; diese Stätte ist für deine Absichten hergerichtet worden. Auf welche Weise soll ich dich lieben? Du kannst dich auf den Rücken legen, wenn du das möchtest, oder dich auf alle viere stellen oder dich hinknien wie beim Gebet, die Stirn zu Boden gedrückt, den Hintern in die Höhe gestreckt, so daß es wie ein Dreifuß aussieht. Rede, und du sollst das glücklichste Weib der Welt sein.«

Die Prophetin erwiderte: »Ich möchte deine Liebe auf alle Arten genießen. Laß auf mich herniedersteigen die Offenbarung Gottes, o Prophet des Allmächtigen!«

Im nächsten Augenblick umarmte er sie und genoß sie nach Belieben. Später äußerte sie: »Sobald ich hier weggehe, verlange mich bei meinem Goum zur Frau.«

Als sie das Zelt verlassen hatte und mit ihren Schülern zusammentraf, fragten sie diese: »Was ist das Ergebnis deiner Besprechung, o Prophetin Gottes?« Sie erwiderte:

»Mosailama hat mir gezeigt, was ihm offenbart worden ist, und ich habe gefunden, daß es die Wahrheit ist, also gehorcht ihm.«

Mosailama verlangte sie sodann bei ihrem Goum zur Frau, was dieser bewilligte. Als der Goum ihn über die Mitgift seiner künftigen Frau fragte, antwortete er ihm:

»Ich entbinde euch von dem Gebet des ›aceur‹ — das um drei oder vier Uhr stattfindet. Seitdem beten die Beni-Temim nicht mehr zu dieser Tageszeit, und wenn man sie nach dem Grund fragt, erwidern sie: »Das geschieht wegen unserer Prophetin: sie allein weiß den Weg zur Wahrheit.« Und in der Tat erkennen sie keine andere Prophetin an.

So hat ein Dichter sie besungen:

> Ein weiblicher Prophet ist uns erstanden,
> Wir befolgen seine Gesetze. Allein für die
> Anderen Sterblichen sind nur männliche
> Propheten erschienen.

Der Tod Mosailamas wurde durch die Prophezeiung Abu Bekers — Gott sei ihm gnädig! — vorausgesagt. Er fand in der Tat seinen Tod durch Xeid ben Khettab, andere behaupten durch Ouhcha, einen seiner Schüler. Gott weiß allein, ob es Ouhcha war. Dieser äußerte selbst: »Ich habe in meiner Unwissenheit den besten der Menschen getötet, Hamza ben Abd el Mosaileb, und alsdann habe ich den schlechtesten der Menschen getötet, Mosailama. Ich hoffe, daß Gott mir die eine Tat mit Rücksicht auf die andere verzeihen wird.«

Der Sinn dieser Worte: »Ich habe den besten Menschen in meiner Unwissenheit getötet« ist der, daß Ouhcha, als er noch nicht den Propheten anerkannt hatte, Hamza — Gott sei ihm gnädig! — getötet hatte, und nachdem er den Islam angenommen hatte, tötete er Mosailama.

Chedjâ et Temimia empfand Reue durch die Gnade des allmächtigen Gottes, sie wurde Muselmanin und heiratete einen Anhänger des Propheten — Gott sei ihrem Gemahl gnädig!

So endet die Geschichte.

20

Gunst verdient in den Augen der Frauen der Mann, der sich ihnen zuvorkommend erweist. Von vornehmer Haltung muß er sein, sich durch seine Schönheit vor seiner Umgebung auszeichnen, von gefälliger Gestalt und wohlgeformten Gliedern sein; wahrhaftig, bei den Frauen sei er stets aufrichtig in seinen Worten, er sei hochherzig und tapfer, er gebe sich nicht mit Nichtigkeiten ab und seine Unterhaltung sei angenehm. Er sei der Sklave seines Wortes, wenn er ein Versprechen gibt; er sage immer die Wahrheit und tue, was er zugesagt hat.

Wer sich auf seine Beziehungen zu den Frauen etwas einbildet, auf ihre Bekanntschaft und ihre Freundschaft, verdient Verachtung. Von ihm soll die nächste Erzählung handeln.

Man berichtet, daß einst ein König lebte mit Namen Mamoun, der einen Narren hatte, Bahloul genannt, der den Fürsten und Veziren zur Erheiterung diente.

Eines Tages stellte sich dieser Narr dem König vor, der sich gerade zerstreuen wollte. Der König forderte ihn auf, sich zu setzen und fragte ihn dann, den Kopf wegwendend: »Warum bist du gekommen, du Hurensohn?«

Bahloul antwortete: »Ich bin gekommen, um zu hören, was unserem Herrn — Gott verleihe ihm den Sieg! — widerfahren ist.«

»Und was ist dir selbst widerfahren? Und wie kommst du mit deiner neuen und deiner alten Frau aus?« fragte der König, denn Bahloul hatte sich nicht mit seiner ersten Frau begnügt, sondern eine zweite geheiratet.

»Ich bin nicht glücklich, weder mit der alten noch mit der neuen; dazu drückt mich die Armut zu sehr nieder.«

Der König erwiderte: »Kannst du mir gegenüber einige Verse sagen?«

Der Narr bejahte die Frage, worauf Mamoun ihn jene hersagen ließ, die er wußte. Bahloul ließ also folgendes hören:

Die Armut hält mich in Ketten, das Elend martert
mich:
Diese Plagen halten mich im Unglück,
Es hat mich in Verwirrung und Gefahr gestürzt
Und hat mir die Verachtung der Menschen zuge-
zogen.
Gott wird einen Armen wie mich nicht segnen,
Das ist sicher eine Schande in aller Augen.
Wenn Unheil und Elend mich fernerhin so festhalten,
So werde ich, darüber gibt es keinen Zweifel,
Mein Haus nicht mehr lange sehen.

»Und wohin wirst du gehen?« fragte Mamoun.

»Zu Gott und seinem Propheten, o Fürst der Gläubigen«, antwortete er.

»Gut«, erwiderte der König. »Wer sich zu Gott und seinem Propheten flüchtet und dann zu uns, den nehmen wir auf. Aber kannst du mir noch einige Verse sagen über deine zwei Frauen und was du mit ihnen erlebt hast?«

»Gewiß«, sagte Bahloul.

»Nun wohl, laß uns hören, was du weißt!«

Bahloul begann sodann mit den Worten des Dichters:

Infolge meiner Unwissenheit habe ich zwei Frauen
geheiratet.
Und worüber beklagst du dich, Gemahl zweier
Frauen?
Ich sagte mir: Ich werde zwischen ihnen beiden wie
ein Lamm sein,

Ich werde mich ergötzen auf den Brüsten meiner
    beiden Schafe,
Und es ist mir ergangen wie einem Hammel zwischen
    zwei weiblichen Schakalen.
Die Tage folgen den Tagen und die Nächte den
    Nächten
Und ihr Joch drückt mich bei Tag und bei Nacht.
Bin ich gut mit der einen, so erzürnt sich die andere.
Und so kann ich diesen zwei Furien nicht entrinnen.
Wenn du leben willst in Frieden, das Herz frei
Und die Hände offen, so bleibe ledig:
Kannst du das nicht, so nimm nur eine Frau,
    denn eine einzige Frau kann zwei Heere befriedigen.

Als Mamoun diese Worte vernahm, brach er in Lachen
aus und verlor fast das Gleichgewicht. Alsdann schenkte er Bahloul, um ihm einen Beweis seiner Güte zu geben, sein vergoldetes Kleid, ein wunderschönes Gewand.

Bahloul ging heiteren Sinnes weg, in der Richtung der
Wohnung des Großvezirs.

Nun begab es sich, daß Hamdouna, von der Höhe ihres Palastes herunter, ihre Blicke nach seiner Seite richtete und ihn sah. Sie sagte zu ihrer Negerin: »Beim Gott
des Tempels von Mekka, das ist Bahloul, mit einem
schönen vergoldeten Gewand bekleidet. Welcher List
könnte ich mich bedienen, um es mir zu verschaffen?«

Die Negerin erwiderte: »O Herrin, dies Kleid kannst
du ihm nicht nehmen.«

Hamdouna entgegnete:

»Ich habe mir eine List ausgedacht und werde ihm
das Kleid wegnehmen.«

»Bahloul ist ein schlauer Mensch«, versetzte die Negerin. »Man meint allgemein, man könne sich über ihn
lustig machen, und bei Gott, er macht sich lustig über

die anderen. Gib dein Vorhaben auf, meine Herrin, und nimm dich in acht, daß du nicht in die Falle fällst, die du ihm stellen willst.«

Allein Hamdouna antwortete: »Es muß gelingen.« Alsdann schickte sie ihre Negerin zu Bahloul, um ihm sagen zu lassen, er habe zu ihr zu kommen.

Er sagte: »Beim Segen Gottes, der dich ruft, folge ihm«, und er ging zu Hamdouna.

Hamdouna begrüßte ihn mit den Worten: »O Bahloul, ich glaube, du bist hierhergekommen, um mich singen zu hören.«

Er antwortete: »Gewiß, meine Herrin. Du hast ja eine wunderbare Begabung für den Gesang.«

»Wenn du mich singen gehört hast, so wirst du auch wohl gern einige Erfrischungen zu dir nehmen?«

»Ja«, antwortete er.

Sie sang dann so wunderbar, daß alle, die sie gehört hatten, fast gestorben wären vor Liebesgefühlen.

Nachdem Bahloul ihren Gesang vernommen, ließ sie ihm Erfrischungen reichen; er aß und trank, worauf sie zu ihm sagte: »Ich weiß nicht, warum ich mir einbilde, daß du dich gern deines Kleides entledigen willst, um es mir zu schenken.«

Bahloul erwiderte: »Herrin, ich habe einen Eid geleistet, es nur derjenigen zu schenken, die mir das gewährt, was der Mann von der Frau begehrt.«

»Wie, du weißt, was das ist, Bahloul?« rief sie aus.

»Wie sollte ich es nicht wissen«, entgegnete er, »ich, der die Geschöpfe Gottes in dieser Wissenschaft unterweist. Ich bin es, der sie in Liebe sich paaren läßt, der sie lehrt, welches die Freuden sind, welche die Frau schenkt, wie man sie liebkosen, auf welche Weise man sie erregen und befriedigen muß. Herrin, wer anders sollte die Kunst kennen, mit einer Frau sich zu vereinen, wenn nicht ich?«

Hamdouna war die Tochter Mamouns und die Gemahlin des Großvezirs. Sie war eine vollendete Schönheit, sie berückte durch ihren Wuchs und die Harmonie ihrer Formen. Niemand auf der Welt übertraf sie zu ihrer Zeit an Anmut und Vollendung. Sah sie ein Held, so ward er demütig und ihr untertan und senkte seine Augen zu Boden, aus Furcht vor Versuchung — so verschwenderisch und vollendet hatte der große Gott sie mit Reizen ausgestattet. Wer seinen Blick auf sie heftete, wurde verwirrt, und wie viele Helden haben sich ihr zuliebe in Gefahr gestürzt! Bahloul hatte darum stets vermieden, ihr zu begegnen, aus Furcht, in Versuchung zu geraten. Da er für seine Ruhe fürchtete, war er nie zuvor zu ihr gegangen.

Bahloul plauderte mit ihr. Bald schaute er sie an, bald senkte er seinen Blick zur Erde, aus Furcht, seine Leidenschaft nicht bezähmen zu können. Hamdouna ihrerseits brannte vor Begierde, das Kleid zu bekommen, das er aber nicht abtreten wollte, ohne den Preis dafür zu haben.

Auf ihre Frage: »Welchen Preis verlangst du?« erwiderte er: »Die Vereinigung, mein Augapfel.«

»Du kennst dich wohl damit aus, Bahloul?« fragte sie.

»Bei Gott«, rief er aus, »niemand kennt die Frauen besser als ich, sie bilden die Beschäftigung meines Lebens. Niemand hat so wie ich alles studiert, was sie betrifft. Ich weiß, was sie lieben, denn wisse, Herrin, die Männer dieser Welt geben sich verschiedenen Beschäftigungen hin, die ihrem Geist und ihren Ideen entsprechen. Der eine nimmt, der andere gibt, der eine verkauft, der andere kauft. Mein einziger Gedanke dagegen ist die Liebe und der Besitz schöner Frauen. Ich heile die, die liebeskrank sind, und ich bringe Erleichterung ihrer durstenden Leidenschaft.«

Hamdouna war erstaunt über Bahlouls Worte und über den Wohlklang seiner Sprache. Sie fragte: »Könntest du mir einige Verse hierüber sagen?«

»Sicherlich«, antwortete er.

»Ausgezeichnet, Bahloul, laß mich hören, was du zu sagen hast.«

Bahloul ließ folgendes hören:

Die Männer sind verschieden nach ihren Geschäften
    und Taten:
Die einen schwimmen in Wonne und Glück, die
    anderen in Tränen.
Diese haben ein ruhloses Leben und leiden unter
    dem Elend,
Jene sind im Gegenteil mit Glücksgütern überhäuft,
Ohne Zahl und von aller Art hier auf dieser Erde.
Ich allein lege keinen Wert auf all dies.
Was gehen mich die Turkomanen, die Perser und die
    Araber an?
Mein einziger Ehrgeiz ist die Liebe der Frauen:
Darin gibt es für mich keinen Zweifel, keinen Irrtum.
Wenn der Schoß nicht erfüllt ist von meinem Glied,
    wird mein Zustand unerträglich.
Mein Herz wird entflammt von einem Feuer ohne-
    gleichen, das nicht zu löschen ist.
Mein Glied richtet sich auf. Sieh da, bewundere
    seine Schönheit!
Es beruhigt die Glut der Liebe, es löscht das
    glühendste Feuer
Durch seine Hin- und Herbewegungen zwischen
    deinen Schenkeln.
O meine Hoffnung, mein Augapfel, Herrin des Edel-
    muts und der Hochherzigkeit!
Wenn einmal dir nicht genügt, deine Glut zu
    beruhigen,

Werde ich dich mehrmals befriedigen.

Man kann es dir nicht zum Vorwurf machen, denn
es ist bei allen so.

Doch wenn du mich verschmähen willst, dann sende
mich fort von dir!

Verjage mich aus deiner Nähe ohne Furcht und ohne
Reue!

Besinne und erkläre dich und vermehre nicht meinen
Schmerz.

Aber, im Namen Gottes, vergib mir und überhäufe
mich nicht mit Vorwürfen.

Da ich vor dir stehe, laß deine Worte mild und nach-
giebig sein.

Laß sie nicht auf mich niederfallen, scharf wie das
Schwert und schneidend.

Laß mich kommen zu dir und stoße mich nicht zurück!

Ich möchte für dich so sein wie jemand, der den
Lippen des Dürstenden den Trank nähert.

Beeile dich und laß meine hungrigen Blicke in
deinen Busen tauchen.

Sei nicht karg mit den Freuden der Liebe, erhebe
dich ohne Scheu,

Ergib dich mir, denn nie werde ich dir einen Kummer bereiten,

Selbst wenn du mich mit Bösem bedecktest, vom
Kopf bis zu den Füßen.

Ich werde immer bleiben, der ich bin, und du, die du
bist.

Nie werde ich vergessen, daß ich der Diener und du
die Herrin bist.

Wie wird sich eure Liebe enthüllen? Sie wird immer
verborgen sein,

Denn über ein Geheimnis ist mir Schweigen aufer-
legt und ich bin stumm.

Nach Gottes Willen begegnet mir all dies,
Er überhäuft mich mit Liebe, doch heute bin ich im
Unglück.

Als Hamdouna diese Worte vernommen hatte, fiel sie beinahe in Ohnmacht und sie schickte sich an, die Leidenschaft Bahlouls zu prüfen. Bald sagte sie sich: »Ich werde mich ihm hingeben«, bald sagte sie: »Ich werde es nicht tun.« Während dieser Unschlüssigkeit fühlte sie die Lust im voraus und widerstand nicht länger dem Wunsch nach Vereinigung mit ihm und beruhigte sich dabei, indem sie bei sich sagte: »Wenn dieser Bahloul, nachdem er mich genossen, es weitersagen sollte, wird niemand seinen Worten Glauben schenken.«

So bat sie ihn, sein Kleid abzulegen und in das Zimmer einzutreten, allein Bahloul antwortete: »Ich werde es erst ablegen, wenn ich meine Lust gestillt habe, mein Augapfel.« Hamdouna erhob sich alsdann in zitternder Erwartung dessen, was folgen sollte. Sie legte ihren Gürtel ab und ging aus dem Zimmer. Er folgte ihr, indem er sich sagte: »Wache ich oder ist es ein Traum?« Er ging hinter ihr her, bis sie in ihrem Toilettenzimmer angekommen war. Hier warf sie sich auf ihr seidenes Bett, das wie ein hohes Gewölbe aussah, legte ihre Kleider ab, und alles, was Gott ihr verliehen hatte an Schönheit, befand sich in den Armen Bahlouls.

Bahloul prüfte den Bauch Hamdounas, der wie eine elegante Kuppel gerundet war, er heftete seinen Blick auf den Nabel, der einer Perle inmitten einer goldenen Schale glich, und als er tiefer blickte, sah er ein wunderbares Meisterwerk der Schöpfung und staunte über die weißen, wohlgeformten Schenkel. Er umarmte alsdann Hamdouna mit leidenschaftlichem Ungestüm, und bald sah er ihr Gesicht unbelebt werden; sie schien das Bewußtsein zu verlieren. Sie war nicht mehr bei Sinnen,

hielt Bahlouls Glied in Händen und erregte und ent-
flammte ihn immer mehr.

Da sagte Bahloul zu ihr: »Warum sehe ich dich so verwirrt und außer Fassung?« Sie erwiderte: »Laß mich, du
Sohn eines lüsternen Weibes! Bei Gott, ich bin wie eine
hitzige Stute, und du regst mich durch deine Worte noch
mehr auf. Und was für Worte! Jede Frau würden sie in
Glut versetzen, selbst wenn sie das reinste Geschöpf der
Welt wäre. Du willst mich also durch deine Rede und
deine Verse so weit bringen, daß ich unterliege?«

Bahloul erwiderte: »Bin ich denn nicht wie dein
Mann?«

»Ja«, entgegnete sie, »aber die Frau gerät in Glut
durch den Mann, wie die Stute durch den Hengst, sei es
der Gatte oder ein anderer, doch mit dem Unterschied,
daß die Stute nur zu gewissen Zeiten des Jahres hitzig
wird und nur dann den Hengst annimmt, während die
Frau zu jeder Zeit durch Liebeserklärungen in Glut versetzt werden kann. Diese beiden Anlässe liegen bei mir
vor, und da mein Gatte abwesend ist, beeile dich, denn
bald wird er zurückkehren.«

Bahloul antwortete: »Meine Herrin, meine Lenden
tun mir weh und hindern mich daran, auf dich zu steigen; mache es du wie der Mann, dann nimm das Kleid
und laß mich ziehen.«

So vollzog er die Vereinigung mit ihr in der Stellung,
die die Frau gewöhnlich dem Mann gegenüber einnimmt, und sein Glied richtete sich gleich einer Säule
auf.

Hamdouna stürzte sich auf Bahloul, ergriff sein Glied
mit ihren Händen und prüfte es. Sie war erstaunt über
seine Größe, Stärke und Härte und rief aus: »Das ist das
Verderben aller Frauen und der Grund zu vielem Unglück. O Bahloul, nie habe ich ein schöneres Glied gesehen als das deine.« Sie hielt es fortwährend, rieb seinen

Kopf an den Lippen ihres Schoßes, bis dieser zu sagen schien: »O Glied, tritt in mich ein!«

So führte denn Bahloul sein Glied ein in den Schoß der Tochter des Sultans, während sie sich auf seine Winde niederließ und diese ganz in ihren Glutofen eindringen ließ, so daß sie nicht die kleinste Spur davon draußen bleiben sah. Da rief sie aus: »Wie hat Gott die Frauen wollüstig erschaffen und wie unersättlich in ihren Begierden!« Auf und ab bewegte sie sich wie beim Tanz, und ihr Hinterteil schüttelte sie wie ein Sieb, nach rechts, nach links, nach vorn, nach hinten. Niemals sonst hat man einen solchen Tanz gesehen.

Die Tochter des Sultans setzte ihren Ritt auf dem Glied Bahlouls fort, bis die Wollust sich einstellte; ihr das Glied anziehender Schoß schien es auszupumpen und auszusaugen, wie ein kleines Kind am Busen seiner Mutter saugt. Die Wollust stellte sich zu gleicher Zeit bei beiden ein, und jedes hatte seinen Teil daran.

Alsdann ergriff Hamdouna das Glied, um es zurückzuziehen, und langsam, ganz langsam zog sie es heraus und rief aus: »Das ist die Tat eines tapferen Mannes!« Mit einem seidenen Schnupftüchlein trocknete sie das Glied und ihren Schoß ab und erhob sich.

Bahloul stand ebenfalls auf und wollte gehen. »Aber das Kleid!« rief sie.

»Wie, meine Herrin«, erwiderte er, »du hast dein Vergnügen gehabt, und ich soll dir noch ein Geschenk machen? Jetzt möchte ich auf meine Kosten kommen!«

Hamdouna dachte bei sich: »Da er einmal angefangen hat, mag er nochmals beginnen, alsdann kann er gehen.«

Sie legte sich nieder, und Bahloul fiel erneut in Verzückung beim Anblick der vollendeten Schönheit ihrer Formen. Ihr Hals glich dem der Gazelle, ihres Mundes Öffnung einem Ring, ihre frischen, roten Lippen einem blutbefleckten Säbel. Ihre Zähne hätte man für Perlen halten können und ihre Wangen für Rosen. Ihre Augen waren schwarz, schön gespalten und ihre Brauen von der Farbe des Ebenholzes. Ihre Stirn war breit wie der Mond in der Vollmondnacht.

Bahloul umarmte sie nun abermals mit noch größerer Leidenschaft. Er sog an ihren Lippen, küßte ihre Brüste, schlürfte ihren frischen Speichel und biß in ihre Schenkel. Und so lange fuhr er dann fort, bis er sie bewußtlos werden sah, kaum mehr fähig zu stammeln, mit ersterbenden Augen. Dann küßte er ihren Schoß, während sie weder Arm noch Fuß rührte. Verliebt heftete er seine Blicke auf Hamdounas geheime Stellen, die von einer Schönheit waren, um alle Augen zu berücken mit ihrer purpurroten Mitte.

Bahloul rief aus: »Du Versuchung der Männer!« Dabei biß und küßte er sie ohne Unterlaß, bis sie von glühender Begier erfüllt wurde. Ihre Seufzer steigerten sich, und mit der Hand nach Bahlouls Glied fahrend, ergriff sie es und führte es ein in ihren Schoß.

Er bewegte sich heftig, und sie wiederum begleitete ihn mit einer außerordentlichen Heftigkeit, bis zu gleicher Zeit sich bei ihnen beiden die Wollust einstellte und so ihre Glut besänftigte.

Als er sich schließlich vom Liebeslager erhob und seines Weges ziehen wollte, erklärte Hamdouna ihm: »Wo ist das Gewand? Du spielst mit mir, Bahloul!« Er erwiderte: »Meine Herrin, nur um einen Preis werde ich mich von ihm trennen. Du hast, was dir zukommt, und ich ebenfalls: das erstemal war's für dich, das zweitemal für mich, das drittemal sei's für das Gewand.«

Nach diesen Worten legte er es ab, faltete es zusammen und gab es Hamdouna in die Hände, die sich wieder auf das Bett niederlegte. Bahloul umarmte sie also zum drittenmal mit unverminderter Glut. Er stürzte sich auf sie, und mit einem Sprung versenkte er sein Glied vollkommen in ihren Schoß; wie ein Stößel in einem Mörser werkte er, während sie ihrerseits ihr Hinterteil bewegte, bis es bei beiden zu gleicher Zeit zu strömen begann. Nach langer Zeit erst erhob er sich wieder, überließ ihr das Gewand und zog von dannen.

Da sagte die Negerin zu Hamdouna: »Herrin, ist es nicht gekommen, wie ich gesagt hatte? Bahloul ist ein böser Mensch und du konntest ihn nicht übervorteilen. Über ihn macht man sich lustig, und, bei Gott, er hält vielmehr die anderen zum besten. Warum wolltest du mir keinen Glauben schenken?«

Hamdouna wandte sich zur Negerin und sagte: »Ermüde mich nicht mit deinen Bemerkungen. Es kam, was kommen mußte, und auf jedem weiblichen Körper steht der Name dessen geschrieben, der eintreten soll, sei es erlaubt oder verboten, sei es aus Liebe, sei es aus Haß. Hätte Bahlouls Name nicht auf meinem Körper geschrieben gestanden, niemals hätte er mich lieben dürfen, und hätte er mir selbst das Weltall geschenkt mit allem, was darin ist.«

Als sie so plauderten, klopfte es an die Tür. Die Negerin fragte, wer da sei, und vernahm als Antwort Bahlouls Worte: »Ich bin es.« Hamdouna erschrak und fragte sich, was der Narr wohl wünsche. Auf die Frage der Negerin nach seinem Begehren erwiderte er: »Bring mir etwas Wasser.« Sie trat aus dem Hause mit einer Schale voll Wasser. Bahloul trank und ließ alsdann die Schale aus seinen Händen fallen, so daß sie zerbrach. Die Negerin machte die Tür zu und ließ ihn draußen, er aber setzte sich auf die Schwelle.

So war der Narr nahe bei der Tür, als der Vezir, der Gatte Hamdounas, kam und ihn fragte: »Warum weilst du hier, Bahloul?« Er antwortete: »Mein Herr, ich ging über die Straße, als ich großen Durst verspürte. Eine

Negerin brachte mir eine Schale Wasser, sie entglitt meinen Händen und zerbrach! Alsdann nahm mir unsere Herrin Hamdouna, um sich für die Tasse zu entschädigen, das Gewand, das mir der Sultan, unser Herr, geschenkt hatte.«

Der Vezir antwortete sofort: »Man gebe ihm das Gewand zurück.« In diesem Augenblick trat Hamdouna heraus. Ihr Gatte fragte sie, ob es wahr sei, daß sie das vergoldete Gewand als Zahlung für die Tasse genommen habe. Die Hände ringend rief Hamdouna aus: »Was hast du getan, Bahloul?« Dieser versetzte: »Ich habe mit deinem Gatten in der Sprache meiner Narrheit gesprochen, rede du mit ihm in der Sprache der Vernunft.« Entzückt über die List, die er angewandt, gab sie ihm das Gewand zurück, und er zog endgültig von dannen.

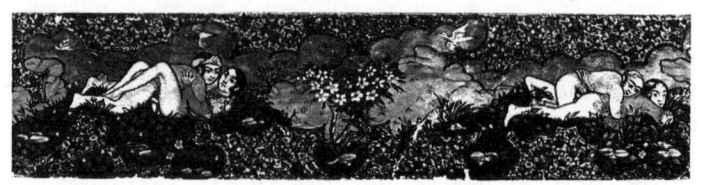

ZWEITES KAPITEL

Die rühmenswerten Frauen

Laß dir sagen, o Vezir — die Gnade Gottes ruhe auf dir! —, es gibt vielerlei Frauen; die einen verdienen Lob, die anderen Verachtung.

Eine Frau, die nach dem Geschmack des Mannes sein soll, muß eine vollkommene Figur besitzen und beleibt sein. Ihre Haare seien schwarz, ihre Stirn sei breit, ihre Augenbrauen seien schwarz wie die Äthiopier, ihre Augen groß und schwarz, das Weiß der Augen klar, jede Wange soll ein vollkommenes Oval bilden, die Nase sei zierlich und der Mund anmutig, die Lippen seien rosig wie auch die Zunge, ein angenehmer Duft entströme ihrem Atem, der Hals sei lang und der Nacken stark; breit sei die Brust und der Bauch groß, der Busen sei fest und voll, der Nabel sei gut entwickelt und tief, breit sei der untere Teil des Leibes, vorragend und fleischig der Schoß, der Gang des Schoßes sei eng und nicht feucht, weich anzufühlen und eine starke Hitze ausströmend, er rieche auch nicht übel; die Schenkel seien hart, die Lenden sollen breit und voll sein, die Taille sei scharf ausgeprägt, Hände und Füße seien anmutig, die Arme rund und die Schultern gut entwickelt.

Wer eine Frau von solchen Eigenschaften von vorn betrachtet, ist entzückt, wer sie von hinten anschaut, geht daran zugrunde. Sitzt sie, so gleicht sie einem gerundeten Dom, im Liegen bildet sie ein weiches Bett, und im Stehen gleicht sie dem Schaft einer Fahne. Wenn sie geht, sieht man ihren Liebreiz durch die Kleider. Sie spricht und lacht wenig und nie ohne Grund. Sie verläßt nicht das Haus, selbst nicht, um ihre Nachbarn zu besuchen, mit denen sie befreundet ist. Sie hat keine Freundin unter den Frauen. Niemandem schenkt sie ihr Vertrauen, und ihr Gatte ist ihre einzige Stütze. Von niemandem nimmt sie etwas an, außer von ihrem Mann und ihren Eltern. Ist einer von ihren Verwandten bei ihr, so mischt sie sich nicht in dessen Geschäfte. Sie verrät keine Fehler und hat keine zu verbergen, auch schlechte Ratschläge gibt sie nicht. Sie neckt auch niemand. Drückt ihr Gatte die Absicht aus, die eheliche Pflicht zu erfüllen, fügt sie sich seinen Wünschen, kommt ihnen sogar gelegentlich zuvor. Jeden Augenblick hilft sie ihm in seinen Geschäften. In Klagen und Tränen legt sie sich Zurückhaltung auf, sie lacht nicht und hat keine Freude, sobald sie ihren Gemahl unzufrieden oder traurig sieht, sondern teilt seinen Kummer und bemüht sich um ihn, bis sie ihn zufrieden sieht. Nur diesem gibt sie sich hin, selbst wenn sie zugrunde ginge vor Enthaltsamkeit. Ihre geheimen Stellen verbirgt sie und läßt sie nicht sehen; sie kleidet sich stets mit Geschmack, befleißigt sich der größten Reinlichkeit und vermeidet es, ihren Mann etwas bemerken zu lassen, was ihm zuwider sein könnte. Sie parfümiert sich mit Wohlgerüchen, gebraucht Antimon für ihre Toilette und reinigt ihre Zähne mit Souak.

Solch eine Frau wird geliebt von allen Männern, wie man aus der folgenden Erzählung ersehen kann.

Man erzählt sich, und Gott weiß es, daß einst ein mächtiger König lebte, der ein großes Reich sowie Heere und Verbündete besaß. Er hieß Ali ben Direme.

In einer Nacht, da er kein Auge schließen konnte, rief er seinen Vezir, den Führer der Polizei und den Befehlshaber der Wachen. Alsbald fanden sie sich bei ihm ein. Er hieß sie alle ihren Säbel ergreifen. Ohne Zögern kamen sie dem nach und fragten ihn: »Was gibt es?«

Er erwiderte: »Der Schlaf flieht mich. Ich will diese Nacht durch die Stadt streifen und möchte euch dabeihaben.«

»Hören und Gehorchen ist dasselbe«, antworteten sie.

So brach der König auf mit den Worten: »Im Namen Gottes, und möchte mit uns der Segen seines Propheten sein, Gott sei ihm gnädig und barmherzig.«

Sein Gefolge ging hinter ihm her und begleitete ihn überallhin, von Straße zu Straße.

So gingen sie, als sie in einer Straße Lärm vernahmen und einen Mann im heftigsten Zorn bemerkten, das Gesicht der Erde zugewandt und sich die Brust mit einem Stein schlagend, wobei er schrie:

»Ach, es gibt keine Gerechtigkeit mehr hier unten! Berichtet denn niemand dem König von dem, was in seinem Reich vorgeht?« Und ohne Unterlaß wiederholte er: »Es gibt keine Gerechtigkeit mehr, sie ist verschwunden, und alle Welt ist in Bekümmernis.«

Da sprach der König zu seiner Umgebung: »Führt diesen Mann sachte zu mir und gebt vor allem acht, daß ihr ihn nicht erschreckt.« So gingen sie auf ihn zu, nahmen ihn bei der Hand und sagten zu ihm: »Erhebe dich, es geschieht dir nichts Schlimmes, sei ohne Furcht.«

Der Mann erwiderte: »Ihr sagt, es geschehe mir nichts Schlimmes, und ich habe nichts zu befürchten, und ihr bietet mir doch keinen Gruß! Ihr wißt aber doch, daß der Gruß des Gläubigen eine Gewähr ist für Sicherheit und Verzeihung. Wenn also der Gläubige den Gläubigen nicht begrüßt, so ist gewiß Grund zur Furcht vorhanden.« Alsdann erhob er sich, um mit ihnen zum König zu gehen.

Der König war stehengeblieben und verhüllte, was auch seine Begleitung tat, das Gesicht mit seinem Kaik. Seine Begleiter hielten die Säbel in der Hand und stützten sich darauf. Als der Mann zum König kam, redete er diesen an mit den Worten: »Heil dir, o Mann!« worauf der König erwiderte: »Ich gebe dir den Gruß zurück, o Mann!« Allein der Mann versetzte: »Warum hast du gesagt: O Mann?« Der König seinerseits antwortete: »Und du, warum hast du gesagt: O Mann?« — »Weil ich deinen Namen nicht weiß«, sagte der Mann. »Und ich weiß nicht den deinigen.« Der König fragte ihn sodann: »Warum mußte ich diese Worte hören: ›Ach, es gibt keine Gerechtigkeit mehr hier unten? Berichtet denn niemand dem König von dem, was in seinem Reich vorgeht?‹ Erzähle mir, was dir begegnet ist.«

»Das werde ich nur demjenigen erzählen, der mich rächen und von der Bedrückung und Schmach befreien kann, wenn es dem allmächtigen Gott gefällt.«

Da sagte der König zu ihm: »Gott stellte mich zu deiner Verfügung, um dich zu rächen und dich von der Bedrückung und Schmach zu befreien.«

»Was ich euch zu berichten habe«, versetzte der Mann, »ist wunderbar und überraschend. Ich liebte eine Frau, die meine Liebe erwiderte, und wir waren in Liebe vereint. Diese Beziehungen währten seit langer Zeit, als eine alte Frau meine Geliebte zum Bösen verleitete und sie in ein unglückseliges, verrufenes, verworfenes Haus führte. Der Schlaf wich von meinem Lager, all mein Glück verlor ich und stürzte in den Abgrund des Unglücks.«

Der König fragte ihn: »Was ist das für ein verrufenes Haus, und bei wem lebt die Frau?«

Da entgegnete der Mann: »Sie ist bei einem Neger mit Namen Dorérame, der Frauen bei sich hat, schön wie der Mond, wie ihresgleichen beim König nicht zu finden sind. Er hat eine Geliebte, die eine sehr große Liebe zu ihm hegt, die ihm ganz ergeben ist und ihm alles schickt, was er an Geld, Getränken und Kleidern braucht.«

Der Mann schwieg. Der König war sehr überrascht über das, was er soeben gehört, der Vezir aber, dem nichts von der Unterredung entgangen war, hatte aus den Worten des Mannes sicher entnommen, daß der Neger kein anderer war als der seinige.

Der König bat den Mann, ihm das Haus anzugeben.

»Wenn ich es dir zeige, was wirst du dann tun?« sagte der Mann.

»Was ich tun werde, wirst du sehen«, antwortete der König.

»Du wirst nichts machen können«, versetzte der Mann, »denn diesen Ort muß man achten und fürchten. Wenn du mit Gewalt eindringen willst, läufst du Gefahr, zu sterben, denn der Herr dieses Hauses ist gefürchtet wegen seiner Stärke und seines Mutes.«

»Zeige mir den Ort«, erwiderte der König, »und du sollst nichts zu befürchten haben.«

Darauf sagte der Mann: »Nun gut, nach Gottes Willen.«

Dann erhob er sich und ging vor ihnen her. Sie folgten ihm bis zu einer großen Straße. Der Mann hielt vor einem Haus, dessen Türen erhöht waren mit hohen Mauern und von allen Seiten unübersteigbar.

Sie suchten, konnten aber bei den Mauern nichts finden, um sie zu ersteigen, und waren sehr erstaunt über dieses wie ein Harnisch verschlossene Haus.

Der König wandte sich an den Mann mit der Frage: »Wie heißt du?«

»Omar ben Isad«, antwortete er.

»Bist du stark, Omar?« fragte der König.

»Jawohl, mein Bruder, Gott helfe dir in dieser Nacht.« Der König wandte sich alsdann an seine Umgebung und fragte sie: »Seid ihr stark? Ist einer unter euch, der über diese Mauer klettern kann?«

Alle antworteten: »Unmöglich.«

Da sagte der König: »Dann werde ich selbst diese Mauern ersteigen, wenn es dem höchsten Gott gefällt, muß mich aber dabei eines Mittels bedienen, wobei ich eure Hilfe nötig habe, und wenn ihr sie mir leiht, wird die Ersteigung gelingen, so es dem höchsten Gott gefällt.«

»Was gibt es zu tun?« fragten sie.

»Laßt mich wissen«, sagte der König, »welches der stärkste unter euch ist.«

»Der Polizeianführer«, erwiderten sie, »der dein Chaouch ist.«

Darauf der König: »Und wer nach ihm?«

Sie antworteten: »Der Anführer der Wache.«

»Und wer nach diesem?« fragte der König.

»Der Großvezir«, antworteten sie, und das war alles.

Omar hörte mit Staunen zu. Er begriff, daß es der König war und freute sich sehr darüber.

Der König sagte: »Wer bleibt noch?«

Omar erwiderte: »Ich, o Herr!«

Da sprach der König: »Omar, du hast entdeckt, wer wir sind, aber verbreite nicht das Geheimnis unserer Verkleidung, und du wirst frei sein von unserem Vorwurf.«

»Hören heißt gehorchen«, entgegnete Omar.

Der König wandte sich dann an den Chaouch mit den Worten: »Stütze deine Hände gegen die Mauer, so daß dein Rücken hervortritt.«

Der Chaouch gehorchte.

Dann sprach der König zum Anführer der Wache: »Steige auf den Rücken des Chaouch.« Dieser stieg hinauf und stellte seine Füße auf des ersteren Schultern. Dann hieß der König den Vezir hinaufsteigen; dieser stieg bis zu den Schultern des Anführers der Wache und stützte seine Hände gegen die Mauer.

Alsdann sagte der König: »Omar, steige auf die höchste Stelle«; dieser, verblüfft über diesen Einfall, rief aus: »Gott verleihe dir seine Hilfe, mein Herr, und unterstütze deinen gerechten Plan.« Alsdann stieg er auf die Schultern des Chaouch, hiernach auf den Rücken des Anführers der Wache und auf den des Vezirs, stellte seine Füße auf die Schultern des letzteren und stellte sich so, wie es die anderen gemacht hatten. So blieb nur der König übrig.

Dieser sagte alsdann: »Im Namen Gottes, dessen Segen auf seinem Propheten ruhen möge, den Gottes Gnade und Barmherzigkeit unterstützen mögen.« Und er legte seine Hand auf den Rücken des Chaouch mit den Worten: »Habe einen Augenblick Geduld, wenn ich Erfolg habe, wirst du belohnt werden.« Ebenso machte er es mit den anderen, bis er auf den Rücken Omars kam, zu dem er ebenfalls sagte: »Omar, habe einen Augenblick Geduld mit mir, und ich werde dich zu meinem Privatsekretär ernennen. Vor allem, bewege dich nicht.« Dann stellte er seine Füße auf dessen Schultern, und als er mit den Händen so die Terrasse erreichen konnte, rief er aus: »Im Namen Gottes, möge er seinen Segen auf den Propheten ergießen, auf dem die Barmherzigkeit und das Heil Gottes ruhen mögen.« Mit diesen Worten schwang er sich hinauf und stand auf der Terrasse.

Dann sprach er zu seinen Gefährten: »Jeder von euch steige auf die Schulter dessen, der unter ihm ist.«

Und einer nach dem anderen stiegen sie herab. Sie

konnten nicht umhin, die sinnreiche Idee des Königs zu bewundern, nicht minder die Stärke des Chaouch, der vier Männer zu gleicher Zeit getragen hatte.

Der König ging jetzt daran, einen Ort zum Absteigen zu suchen, allein er fand keinen. Er nahm nun seinen Turban von seinem Kopf herunter, befestigte ein Ende mit einem einzigen Knoten an der Stelle, an der er sich befand, und stieg in den Hof hinunter, den er ausforschte, bis er die Tür in der Mitte der Mauer fand, die durch ein ungeheures Schloß verschlossen war. Die Festigkeit dieses Schlosses und die Schwierigkeit, dies Hindernis zu überwinden, überraschten ihn aufs unangenehmste. Er sagte sich: »Nun bin ich in Verlegenheit, allein all dies geschieht nach dem Willen Gottes, er ist es, der mir die Kraft und die Idee verliehen hat, hierher zu gelangen, er wird mir auch den Weg zeigen, zu meinen Gefährten zurückzukehren.«

Alsdann prüfte er den Ort, an dem er sich befand, und zählte die Zimmer, eins nach dem andern: er fand siebzehn Zimmer, in verschiedener Art eingerichtete Räume, mit Teppichen und Samtbehängen von verschiedenen Farben, von der ersten bis zur letzten.

Indem er so rundum prüfte, erblickte er einen durch sieben Stufen erhöhten Ort, an dem sich viele Stimmen vernehmen ließen. Er schritt darauf zu, indem er sich sagte: »O Gott, laß meinen Plan gelingen und mich heil und wohl von hier davonkommen.«

Die erste Stufe schritt er hinauf mit den Worten: »Im Namen des gnädigen, barmherzigen Gottes«, dann prüfte er die Stufen, die aus Marmor von verschiedener Farbe waren, schwarz, rot, weiß, gelb, grün und anderen Schattierungen.

Dann stieg er auf die zweite Stufe mit den Worten: »Ich habe Gott um den Sieg gebeten, er ist der mächtigste Bundesgenosse.«

Endlich betrat er die fünfte, sechste und siebente, indem er den Propheten anrief — Gottes Gnade und Barmherzigkeit sei mit ihm!

So kam er an den Vorhang, der den Eingang verschloß: er war aus rotem Brokat. Von hier aus spähte er in das Zimmer, das in Licht gebadet und von zahlreichen Kronleuchtern und Kerzen, die in hohen goldenen Leuchtern brannten, erhellt wurde. Inmitten dieses Raumes sprudelte ein Moschussprühbrunnen. Ein Tischtuch war ausgebreitet, von einem Ende zum anderen, bedeckt mit Speisen und Früchten.

Der Saal war ausgestattet mit vergoldeten Möbeln, deren Glanz das Auge blendete. Überall war Schmuck aller Art zu sehen.

Aufmerksam prüfte der König alles und sah, daß um das Tuch zwölf Jungfrauen und sieben Frauen saßen, die alle dem Mond glichen; er war entzückt über ihre Schönheit und Anmut. Bei ihnen sah er sieben Neger, deren Anblick ihn in Erstaunen setzte. Seine Aufmerksamkeit ward vor allem gefesselt durch eine Frau von vollendeter Schönheit, mit schwarzen Augen, ovalen Wangen und von geschmeidigem, anmutigem Wuchs: Wer sich in sie verliebte, der war ihr dann auch unterwürfig.

Der König blieb stehen, betroffen von ihrer Schönheit, und sagte bei sich: »Wie soll ich fortkommen von diesem Ort? Mein Geist, ergib dich nicht der Liebe.«

Da bemerkte er in den Händen der Anwesenden Gläser, die mit Wein gefüllt waren. Sie aßen und tranken, und es war leicht zu bemerken, daß sie betrunken waren.

Während der König sich den Kopf zerbrach, wie er sich aus der Verzauberung befreien sollte, hörte er eine Frau zu einer ihrer Genossinnen sagen: »Erhebe dich, zünde eine Fackel an und laß uns in das andere Zimmer schlafen gehen, denn wir sind müde. Komm, zünde die Fackel an.«

Sie standen auf und schlugen den Vorhang in die Höhe, um hinauszugehen. Der König verbarg sich, um sie vorübergehen zu lassen; nachdem er dann bemerkt hatte, daß sie ihr Zimmer verlassen hatten, um ihre Notdurft zu verrichten, benützte er ihre Abwesenheit, um in ihr Zimmer zu treten und sich in einem Kabinett zu verbergen. Bald darauf kehrten die Frauen zurück und schlossen die Türen. Ihr Verstand war berauscht durch die Nebel des Weines, sie vergnügten sich und waren voller Freude.

Der König sagte sich: »Omar sagte mir die Wahrheit über dieses unglückselige Haus, diesen Abgrund der Wollust.«

Als die Frauen eingeschlafen waren, erhob sich der König, löschte das Licht aus, legte seine Kleider ab und legte sich zwischen die beiden. Während ihrer Unterhaltung war er darauf bedacht gewesen, sich ihre Namen einzuprägen. So konnte er zur einen sagen: »Meine Liebe, wo hast du die Türschlüssel hingelegt?« wobei er ganz leise sprach.

Die Frau erwiderte ihm: »Schlaf, du Hure, die Schlüssel sind an ihrem gewöhnlichen Platz.«

Der König wiederholte bei sich: »Es gibt keine Kraft und keine Macht, außer bei dem allmächtigen Gott, dem barmherzigen«, und er war in größter Verlegenheit.

Von neuem drang er in die Frau, um die Schlüssel zu bekommen, indem er sagte: »Der Tag bricht an, ich muß die Türen öffnen; schon geht die Sonne auf, ich will das Haus aufmachen.«

Sie erwiderte ihm: »Die Schlüssel sind an ihrem Platz, wie immer. Aber warum quälst du mich so? Schlafe, sag ich, bis es Tag wird.«

Von neuem sagte der König bei sich: »Es gibt keine

Kraft und keine Macht, außer bei dem allmächtigen Gott, dem barmherzigen. Und wahrlich, ohne Gottesfurcht stieße ich ihnen das Schwert durch den Leib.« Dann begann er von neuem: »Höre!«

Sie antwortete: »Was gibt's denn?«

»Ich bin unruhig«, sagte der König, »wegen der Schlüssel. Sag mir, wo sie liegen.«

Sie erwiderte: »Du Luder, hast du Verlangen nach einem Mann? Nicht eine einzige Nacht kannst du es aushalten. Die Frau des Vezirs hat allem Drängen des Negers Dorérame widerstanden, und schon seit sechs Monaten weist sie ihn zurück. Geh denn, die Schlüssel sind in der Tasche des Negers. Sag ihm, er soll sie dir geben.«

Der König schwieg darauf, denn er begriff, was er zu tun hatte; er wartete ein wenig, bis die Frau wieder eingeschlafen war. Dann nahm er die Kleider, die sie abgelegt hatte, zog sie an und barg das Gesicht mit einem roten Schleier. So bekleidet, hätte man ihn nicht von den anderen Frauen unterscheiden können. Nun öffnete er die Tür, trat ganz leise hinaus und stellte sich hinter den Vorhang des Saales. Nur die Sitzenden sah er, die anderen schliefen.

Zu sich selbst sprach der König: »Oh, meine Seele, laß mich den rechten Weg gehen und sorge, daß ich inmitten dieser betrunkenen Menschen sein kann, ohne daß sie den König von seinen Untertanen unterscheiden, und Gott verleihe mir Stärke!«

Alsdann trat er in den Saal mit den Worten: »Im Namen Gottes!« und ging auf das Bett des Negers zu, indem er sich betrunken stellte. Die Neger und die Frauen meinten, es sei die Frau, deren Kleider er genommen hatte.

Dorérame war begierig, diese Frau zu besitzen, und als er sah, wie sie sich auf das Bett setzte, dachte er bei

sich, sie habe ihren Schlummer nur unterbrochen und ihn besucht, um sich dem Liebesspiel zu widmen. So sagte er zu ihr: »Lege deine Kleider ab, geh in mein Bett, ich komme gleich.«

Der König sagte wiederum zu sich selbst: »Alle Kraft und Macht ruht allein beim hohen, barmherzigen Gott.« Nun suchte er heimlich die Schlüssel in den Kleidern und Taschen des Negers, fand sie aber nicht. Mit den Worten: »Gottes Wille geschehe!« und die Augen erhebend, bemerkte er ein hohes Fenster, streckte die Arme danach aus und fand dort vergoldete Gewänder; er griff in die Taschen, und — welche Überraschung! — fand dort die Schlüssel. Er prüfte sie und zählte sieben, entsprechend der Anzahl der Türen des Hauses. In seiner Freude rief er aus: »Gott sei gelobt und gepriesen!« und dann weiter: »Ich werde hier nur durch eine List hinauskommen.« So stellte er sich, als müsse er sich erbrechen, legte seine Hand auf seinen Mund und stürzte in den Hof hinaus. Der Neger sagte: »Gott segne dich. Wäre es eine andere gewesen, so hätte sie ins Bett gespien.«

Der König ging dann zur inneren Tür des Hauses, öffnete sie, schloß sie wieder hinter sich ab, und so weiter bis zur siebenten, die auf die Straße ging. Hier fand er seine Gefährten wieder, die in großer Angst um ihn gewesen waren und ihn fragten, was er gesehen habe.

Der König erklärte ihnen: »Jetzt ist nicht der Augenblick, zu erzählen. Treten wir ein in dieses Haus mit dem Segen Gottes und der Gunst seiner Hilfe.«

Sie verabredeten, daß sie auf der Hut sein müßten, denn in dem Haus waren sieben Neger, zwölf Jungfrauen und sieben Frauen, schön wie der Mond.

Die Gefährten des Königs beglückwünschten ihn zu seinem Mut und drangen vor ihm her in das Haus ein.

Der Vezir sprach dann zum König: »Wem gehören die

Kleider, die du anhast?« —»Schweig still«, erwiderte der König, »ohne sie hätte ich mir nicht die Schlüssel verschaffen können.«

Nun begab er sich in das Zimmer, wo die beiden Frauen waren, bei denen er geruht hatte, legte die Kleider, die er trug, ab und zog wieder die seinigen an, darauf bedacht, seinen Säbel griffbereit zu halten. Hierauf ging er zu dem Ort, wo die Neger und Frauen sich befanden; seine Gefährten und er standen einer hinter dem anderen hinter dem Vorhang.

Als sie einen Blick in den Saal geworfen hatten, äußerten sie: »Unter diesen Frauen ist keine so schön wie die, die auf einem erhöhten Kissen sitzt.« Der König erklärte: »Ich behalte sie für mich, wenn sie noch keinem anderen gehört.«

Als sie das Innere des Saales betraten, erhob sich der Neger Dorérame eben vom Bett und mit ihm eine dieser schönen Frauen. Ein anderer Neger ging zu Bett mit einer anderen Frau, und so weiter bis zum siebenten, mit Ausnahme der erwähnten schönen Frau und der Jungfrauen. Jede dieser Frauen schien nur mit dem größten Widerstreben zu Bett zu gehen.

Die Neger indessen begehrten alle, aber die schöne Frau stieß sie mit den Worten zurück: »Nie lasse ich mir das gefallen, und auch die Jungfrauen nehme ich in meinen Schutz.«

Da erhob sich Dorérame und schritt auf sie zu, wobei er sein starr wie eine Säule aufgerichtetes Glied in seinen Händen hielt.

Er schlug sie damit ins Gesicht und auf den Kopf und sprach zu ihr: »Diese Nacht bin ich schon sechsmal in dich gedrungen, meinen Wünschen zu willfahren, doch immer hast du mich zurückgewiesen; aber nun, noch in dieser Nacht, muß ich dich besitzen!«

Als die Frau die Hartnäckigkeit des Negers und seinen betrunkenen Zustand sah, versuchte sie, ihn zu besänftigen, indem sie ihm Versprechungen machte. »Setz dich neben mich«, sagte sie, »und noch in dieser Nacht sollen deine Wünsche erfüllt werden.«

Der Neger setzte sich zu ihr, und sein Glied blieb aufgerichtet gleich einer Säule. Der König vermochte kaum seine Überraschung zu bändigen.

Da begann die Frau zu singen und ließ folgende Verse vernehmen, indem die Melodie aus der Tiefe ihres Herzens drang:

Es ist der junge Mann, dessen Liebe ich vorziehe, er
    ist es einzig.
Er ist von Mut erfüllt, er ist mein einziger Ehrgeiz.
Sein Glied ist stark, das Mädchen zu entjungfern,
Stark ist es und stattlich in allen seinen Maßen,
Der Schlaf war ihm ferne, wegen der Heftigkeit
    seiner Liebe;
Es läßt seine Seufzer vernehmen, und es weint an
    meinem Bauch.
Nicht verlangt es, daß man ihm zu Hilfe komme,
Es erkennt keinen Verbündeten an, denn allein tritt
    es den größten Anstrengungen gegenüber,
Und niemand vermag zu schätzen, was aus seinen
    Anstrengungen sich ergibt.
Kräfig und lebendig dringt es ein in meinen Schoß,
Dort werkt es herum, unaufhörlich und herrlich,
Von vorn nach hinten, von rechts nach links;
Bald klammert es sich an, kräftig gepreßt,
Bald reibt es seinen Kopf am Eingang meines
    Schoßes.
Meinen Rücken liebkost er, meine Seiten und meine
    Hüften,
Er küßt mir die Wangen, dann saugt er an meinen
    Lippen,

Paul-Désiré Trouillebert:
Die Haremsdienerin, 1874.

Auguste Dominique Ingres:
Odaliske und Sklavin, 1842.

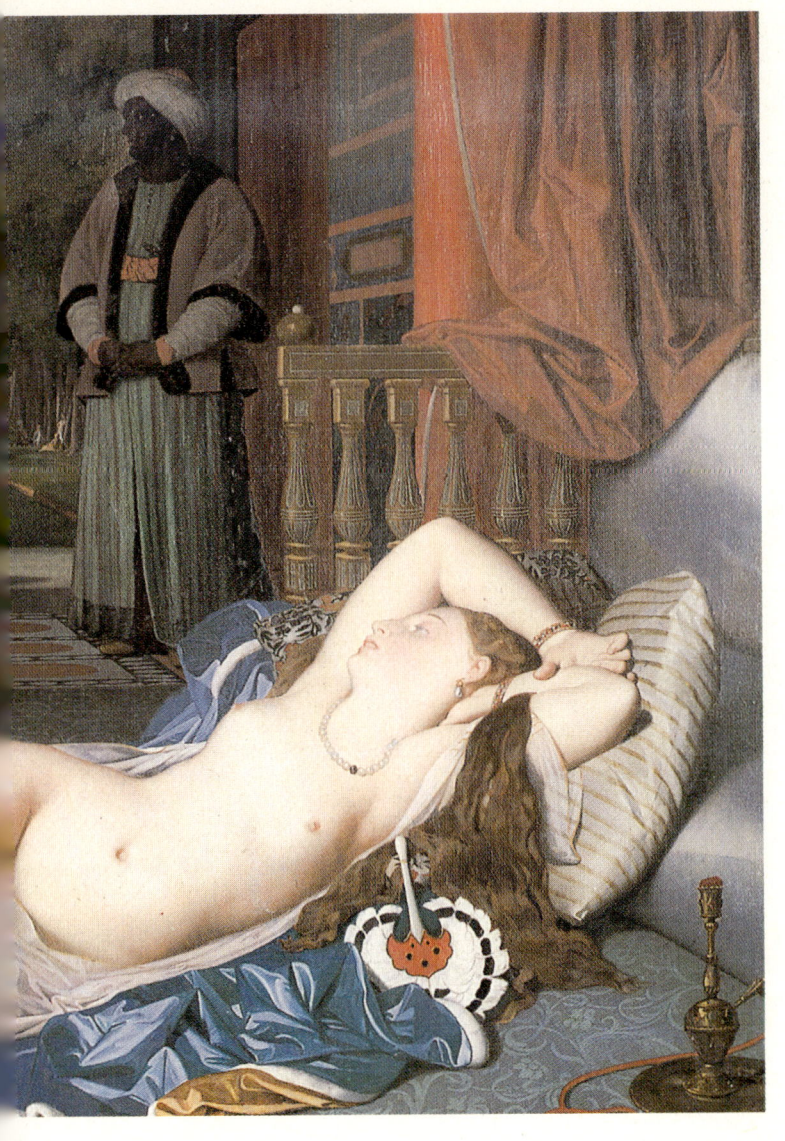

Jean-Léon Gérôme:
Das Bad, um 1880—1885.

Er umarmt mich, erdrückt mich und rollt mich auf
dem Bett hin und her.
In seine Händen bin ich wie ein Körper ohne
Leben,
Jeder Teil meines Körpers empfängt abwechselnd
seine Bisse,
Und er bedeckt mich mit flammenden Küssen.
Sieht er mich aufgeregt, so kommt er schnell zu mir;
Öffnet meine Schenkel und küßt meinen Bauch;
Er gibt mir sein Glied in die Hand, daß ich es an
meine Tür klopfen lasse;
Bald ist er in meiner Höhle, und ich fühle, die Lust
stellt sich ein.
Hin und her bewegt er mich und schüttelt mich, und
heftig arbeiten wir beide.
»Empfang meinen Samen«, sagt er, und ich erwidere:
»Gib ihn mir, mein Vielgeliebter,
Er soll willkommen sein, Licht meiner Augen.
Herrscher, der Herrscher, du, der mich entzückt,
Meine Seele, mein Geist, erhebe dich mit neuer
Kraft,
Denn bei Gott, dieser Tag soll ohne Kummer enden.
Er hat Gott den Allmächtigen beschworen, auf daß
er ihm verleihe, nicht überdrüssig meiner zu
werden während siebzig Nächten;
Und er hat seinen Wunsch erfüllt
Mit Küssen und Umarmungen in all diesen Nächten.

Als sie diese Verse beendet hatte, sagte der König: »Wie
wollüstig hat Gott diese Frau geschaffen!« Und sich an
seine Umgebung wendend, fuhr er fort: »Ohne Zweifel
hat diese Frau keinen Mann und ist nicht verderbt, denn
sicher ist dieser Neger in sie verliebt, und sie hat ihn zurückgewiesen.«

Da nahm Omar ben Isad das Wort: »Du hast recht,

mein König. Ihr Mann ist in der Tat seit mehr als einem Jahr abwesend, und viele suchten sie zu verführen, doch sie widerstand ihnen.«

Der König fragte seine Gefährten: »Wer ist ihr Mann?«

Worauf sie antworteten: »Sie ist die Frau vom Sohne des Vezirs deines Vaters.«

Der König erwiderte: »Ihr habt recht. In der Tat habe ich sagen hören, der Sohn des Vezirs meines Vaters habe eine Frau ohne Fehler, von vollendeter Schönheit und herrlichem Wuchs, die keinen Ehebruch begehe und das Laster nicht kenne.«

»Das ist diese Frau«, antworteten sie.

Da versetzte der König: »Einerlei, ich muß sie haben.« Und sich an Omar wendend, fügte er hinzu: »Welches ist deine Geliebte unter diesen Frauen?«

Omar antwortete: »Ich sehe sie nicht, mein König«, worauf die Antwort erfolgte:

»Geduld, ich werde sie dir zeigen.«

Omar war ganz überrascht, daß der König so genau Bescheid wußte. Der König setzte hinzu: »Das ist also der Neger Dorérame?«

»Ja, und er ist mein Sklave«, versetzte der Vezir.

»Schweige, es ist jetzt nicht der Augenblick, darüber zu reden«, sprach der König.

Während sie sich so unterhielten, sagte der Neger Dorérame zu jener Dame, unablässig vom Verlangen erfüllt, ihre Gunst zu erlangen: »Ich habe deine Lügen nun satt, Beder el Bedour«, denn so hieß sie. Er wollte die Frau mit Gewalt an sich ziehen und schlug sie ins Gesicht.

Der König ward von Eifersucht gepackt, sein Herz wurde von Zorn erfüllt, und er sprach zu seinem Vezir: »Sieh zu, was dein Neger tut. Und, bei Gott, ich lasse ihn den Tod eines Schurken sterben, um denen, die ihm nacheifern möchten, ein Beispiel und eine Warnung zu geben.«

In diesem Augenblick hörte man die Dame zum Neger sagen: »Du betrügst deinen Herrn, den Vezir, mit seiner Frau, und jetzt betrügst du diese, trotz eurer innigen Freundschaft und der Gunstbezeigungen, mit denen sie dich überhäuft. Und wahrlich, sie liebt dich mit heftiger Leidenschaft, und du, du suchst dafür eine andere.«

Der König sprach zum Vezir: »Höre zu, aber sprich kein Wort.«

Als dann erhob sich die Dame, nahm ihren früheren Platz wieder ein und begann folgende Verse aufzusagen:

Männer, vernehmet meine Ratschläge hinsichtlich
    der Frauen,
Denn ihr Verlangen nach Lust ist in ihre Augen
    geschrieben.
Habt also kein Vertrauen in ihre Versprechungen,
    selbst wenn sie die Töchter eines berühmten
    Sultans wären.
Unermeßlich ist die Bosheit der Frauen, und
    unfähig, sie zu bekämpfen,
Wäre der König der Könige, und sei seine Macht
    auch noch so groß.
Mann, hüte dich wohl vor der Liebe der Frauen.
Sage nicht: »Eine solche ist meine Vielgeliebte.«
Sage nicht: »Sie ist die Gefährtin meines Lebens.«
Solange du sie bei dir hast, hast du ihre Liebe.
Allein nur einen Augenblick währt die Liebe der
    Frau, das ist eine unumstößliche Wahrheit.
Liegst du an ihrer Brust, bist du ihr Vielgeliebter.
Danach wirst du für sie zum Feind,
Und das ist unumstößlich sicher.

Die Frau empfängt den Sklaven im Bett ihres
  Mannes,
Und ohne Scham sättigen sich ihre Diener an ihr.
Wahrlich, ein solches Benehmen verdient kein Lob.
Doch schwach und wandelbar ist die Tugend der
  Frau.
Der Mann, ist er so getäuscht von der Frau, verliert
  alle Achtung in den Augen seiner Mitwelt.
Wenn du daher wirklich ein Mann von Herz bist,
  wirst du nicht einen einzigen Tag auf eine Frau
  vertrauen.
Das ist keine Lüge, sondern die reine Wahrheit.

Bei diesen Worten fing der Vezir zu weinen an, doch der
König gab ihm ein Zeichen, zu schweigen. Der Neger
ließ als Antwort folgende Verse vernehmen:

Wir Neger, wir haben die Frauen satt,
Wir fürchten uns nicht vor ihren listigen Ausflüchten,
  so spitzfindig sie sein mögen.
Ihr Frauen alle, wahrlich, nur am männlichen Körper
  könnt ihr Genüge finden,
Denn in ihm ruhet euer Leben, in ihm aber auch
  euer Tod:
Eurer offnen wie geheimen Wünsche Ziel ist er.
Entflammt euch der Zorn gegen eure Männer,
Sie liebkosen euch und besänftigen euch, wie allen
  bekannt.
Eure Religion ist euer Leib, und eure Seele ist der
  Körper des Mannes.
So wird sich dir stets zeigen die Art der Frauen.

Nach diesen Worten stürzte sich der Neger auf die Frau,
die ihn aber zurückstieß.

In diesem Augenblick schnürte sich das Herz des Königs zusammen, er zog sein Schwert, das gleiche taten seine Gefährten, und sie traten in den Saal; die Neger und die Frauen sahen nur mehr die über ihren Köpfen gezückten Schwerter.

Da erhob sich einer der Neger und stürzte sich auf den König und seine Gefährten, der Chaouch aber traf ihn, und mit einem Hieb trennte er ihm den Kopf vom Rumpf.

»Gott segne dich!« rief der König aus. »Dein Arm ist nicht verdorrt und deine Mutter hat keine Mißgeburt in die Welt gesetzt. Du hast deine Feinde vernichtet und sollst das Paradies als Wohnung und Aufenthalt bekommen.«

Ein anderer Neger erhob sich alsdann und traf den Chaouch mit einem goldenen Leuchter; der Schlag traf den Säbel des Chaouch und zerbrach ihn in zwei Stükke. Da er von besonderer Schönheit war, brach der Chaouch beim Anblick des zerbrochenen Säbels in heftigen Zorn aus; er ergriff den Neger beim Arm, hob ihn in die Höhe und zerschlug ihm die Knochen an der Mauer. Der König rief aus: »Gott ist groß. Er hat deine Hand nicht verdorren lassen. Oh, was für ein Chaouch! Gott verleihe dir seinen Segen.«

Die Neger brachten bei diesem Anblick kein Wort mehr hervor, und der König, der nun Herr war über ihr Leben, sprach: »Wer die Hand erhebt, den kostet es den Kopf.« Alsdann ließ er den fünfen, die übrigblieben, die Hände auf den Rücken binden.

Danach wandte er sich an Beder el Bedour mit der Frage: »Wessen Frau bist du, und wer ist dieser Neger?«

Sie teilte ihm hierüber mit, was ihm schon Omar gesagt hatte. Der König dankte ihr mit den Worten: »Gott segne dich!« Alsdann fragte er: »Wie lange kann eine Frau sich gedulden, bis sie sich der Vereinigung hingibt?« Die Frau schien überrascht, doch der König sprach: »Rede ohne Scheu.«

So erwiderte sie denn: »Eine edle Frau von vornehmer Abkunft kann sechs Monate lang die Vereinigung entbehren, aber wenn eine Frau ohne Adel, Rasse und Herkunft, die keine Achtung vor sich hat, nur ihre Hand auf einen Mann legen kann, so erhebt sich dieser nicht mehr über ihr, sein Bauch und sein Glied verlassen nicht mehr ihren Schoß.«

Der König fragte sie nun, auf eine der Frauen weisend: »Wer ist diese hier?«

Worauf sie antwortete: »Es ist die Frau des Kadi.«

»Und diese?«

»Die Frau des Untervezirs.«

»Und jene?« fragte der König.

»Die Frau des Führers der Muftis.«

»Und jene?« fuhr der König fort.

»Es ist die Frau des Schatzmeisters.«

»Und die Frauen, die im anderen Zimmer sind?« fragte der König weiter und erhielt die Antwort: »Diese Frauen haben hier Gastfreundschaft genossen, und eine von ihnen wurde gestern durch eine Greisin hierhergebracht; der Neger hat sie bis jetzt noch nicht besessen.«

»Und die andere Frau, wem gehört sie?« sprach der König.

»Es ist die Frau des Zunftmeisters der Zimmerleute«, entgegnete sie.

»Und diese Mädchen?« fuhr der König fort. »Wer sind sie?«

»Diese hier«, antwortete sie, »ist die Tochter des Schatzmeisters, diese andere ist die Tochter des Mohtesib, die dritte ist die Tochter des Bouab, die vierte die Tochter des Zunftmeisters der Muezzins, jene die Tochter des Fahnenwächters.« So bezeichnete sie alle der Reihe nach auf die Aufforderung des Königs.

Der König erkundigte sich nun, warum so viele Frauen hier zusammengekommen seien.

Beder el Bedour antwortete ihm: »Mein Herr, der Neger hat keine andere Leidenschaft als die Frauen und guten Wein. Unaufhörlich ergibt er sich dem Liebesgenuß, Tag und Nacht.«

Weiter fragte der König: »Wovon lebt er?«

Sie antwortete: »Von Eigelb, gebacken in Fett und schwimmend in Honig und Weißbrot; er trinkt nur alten Muskatellerwein.«

Der König fuhr fort: »Wer hat diese Frauen, die alle Staatsbeamten gehören, hierher gebracht?«

Worauf die Frau antwortete: »Herr, eine alte Frau steht in seinen Diensten, die die Häuser der Stadt abläuft. Alles, was an Schönheit und Vollkommenheit hervorragt, sucht sie aus und führt es ihm zu, doch läßt sie sich ihre Dienste mit viel Silber bezahlen, mit Kleidern, Juwelen, Rubinen und anderen Sachen von großem Wert.«

»Und woher bekommt der Neger all dies Geld?« fragte der König. Da die Dame schwieg, setzte er hinzu: »Ich bitte dich, gib mir Aufklärung.«

So gab sie ihm mit einem Augenzwinkern zu verstehen, daß ihm das Geld von der Frau des Großvezirs zufließe.

Der König verstand und fuhr fort: »O Beder el Bedour, ich glaube und vertraue auf dich, und dein Zeugnis hat in meinen Augen großen Wert. Berichte mir ohne Umschweife alles, was dich betrifft.«

So antwortete sie ihm: »Ich bin unberührt, und selbst wenn es länger gedauert hätte, hätte der Neger die Erfüllung seiner Wünsche nicht erreicht.«

Der König drang in sie: »Ist es wirklich, wie du sagst?«

»Es ist so«, antwortete sie. Sie hatte verstanden, was

der König wollte, wie auch dieser den Sinn ihrer Worte begriffen hatte.

»Nun gib mir auch Aufklärung hinsichtlich meiner Ehre«, sprach der König. »Ist sie vom Neger geachtet worden?«

»Sie ward geachtet von ihm«, war ihre Antwort, »ich spreche von deiner Ehre, was deine Frauen betrifft. Soweit ging seine Schuld nicht, aber wenn Gott seine Tage verlängert hätte, ist es keineswegs so sicher, daß er nicht gesucht hätte, zu besudeln, was geachtet werden muß.«

Auf die Frage des Königs, wer diese Neger seien, erwiderte sie:

»Das sind seine Gefährten; wenn er selbst an den Frauen, die er sich zuführen läßt, völlig gesättigt ist, überläßt er sie ihnen, wie du gesehen hast.«

Der König versetzte hierauf: »O Beder el Bedour, warum habt ihr, dein Gatte oder du, nicht Hilfe erbeten gegen diese Bedrängnis?«

Sie erwiderte: »König des Zeitalters, geliebter Sultan, der du zahlreiche Heere und Verbündete besitzest, was meinen Gatten betrifft, so konnte ich ihn bis jetzt nicht über mein Los unterrichten, und ich selbst kann nichts anderes sagen, als was du aus den Versen schon weißt, die ich vorhin gesungen habe. Ich habe den Männern hinsichtlich der Frauen Ratschläge erteilt, vom ersten bis zum letzten Vers.«

Der König versetzte hierauf: »Du gefällst mir, Beder el Bedour! Ich habe dich befragt im Namen des Propheten, des Auserwählten — Gottes Segen und Barmherzigkeit sei mit ihm! — Gib mir Aufschluß über all dies; du hast nichts zu befürchten, ich gebe dir vollständigen *aman*. Hat dieser Neger dich nicht genossen? Denn ich vermute, daß keine von euch vor seinen Versuchen sicher war und ihre Ehre wahren konnte.«

Sie antwortete: »König des Zeitalters, im Namen deines hohen Rangs und deiner Macht! Sieh, den, über den du mich befragst, hätte ich nicht als rechtmäßigen Gemahl genommen: wie hätte ich ihm meine Gunst zu einer verbotenen Liebe gewähren sollen?«

»Du sprichst aufrichtig«, erwiderte der König, »doch die Verse, die ich dich singen hörte, haben Zweifel bei mir entstehen lassen.«

Sie antwortete: »Nur aus drei Gründen habe ich diese Sprache geführt: der erste war, daß ich in diesem Augenblick sehr hitzig war, der zweite, daß Eblis meinen Schoß erregt hatte, und der dritte war, daß ich den Neger beruhigen und erreichen wollte, daß er mir eine Frist gewährte und mich in Ruhe ließe, bis mich Gott von ihm befreit hätte.«

»Hast du aufrichtig gesprochen?« versetzte der König. Sie schwieg. Da rief der König aus: »Beder el Bedour, dir allein sei verziehen!« Sie begriff, daß der König nur ihr den Tod erlassen wollte. Er gebot ihr, das Geheimnis zu bewahren, und erklärte ihr, daß er gehen wolle.

Da näherten sich alle Frauen und Jungfrauen Beder el Bedour und flehten sie an: »Verwende dich zu unseren Gunsten, denn du vermagst alles beim König.« Und sie weinten auf ihre Hände und krümmten sich vor Verzweiflung.

Beder el Bedour wandte sich nochmals zum König, der weggehen wollte, und sprach zu ihm: »Herr, du hast mir noch keine Gunst gewährt.«

»Ich habe für dich ein prächtiges Maultier kommen lassen, du wirst es reiten und mit uns fortgehen. Diese Frauen aber müssen alle sterben«, versetzte der König.

Sie erwiderte: »Herr, ich bitte dich um Gnade und ich beschwöre dich, mir zu erlauben, dir eine Bedingung vorzulegen, die du annehmen mögest.« Der König schwur ihr, sie anzunehmen. So sagte sie denn: »Als Mitgift bitte ich dich um Gnade für all diese Frauen und Jungfrauen. Ihr Tod würde die ganze Stadt in die größte Bestürzung versetzen.«

»Nur in dem hohen barmherzigen Gott liegt alle Kraft und Macht«, versetzte der König und übte Gnade, aber alle Neger ließ er hinausführen und ihnen den Kopf abhauen. Endlich ließ er die sieben Türen des Hauses abschließen und kehrte in seinen Palast zurück.

Bei Sonnenaufgang, als der Tag anbrach, schickte er ein Maultier zu Beder el Bedour und ließ sie zu sich holen. Er ließ sie bei sich wohnen und fand in ihr die Herrlichste der Herrlichen.

Alsdann ließ der König Omar ben Isad die Frau, die ihm entführt worden war, zurückbringen und machte ihn zu seinem Privatsekretär. Weiter wies er den Vezir an, seine Frau zu verstoßen. Er vergaß nicht den Chaouch und den Führer der Wache, denen er Geschenke machte, wie er es ihnen versprochen hatte, zu welchem Zweck er das Geld des Negers verwendete. Den Sohn des Vezirs seines Vaters ließ er ins Gefängnis werfen. Auch die alte Vermittlerin machte er ausfindig, und als sie zu ihm geführt wurde, sagte er zu ihr: »Gib mir ausführlichen Aufschluß über das Verhalten des Negers und erkläre mir, ob nur du allein auf diese Weise die Frauen zu den Männern führst?«

»Das ist das Gewerbe fast aller alten Frauen«, versetzte sie. So ließ er sie und alle anderen Frauen, die dieses Gewerbe betrieben, töten. Auf diese Weise wurde im Lande die Wurzel der Kuppelei ausgerottet, und ihr Stamm ward verbrannt.

Ferner ließ er die Frauen und Jungfrauen in ihre Familien zurückschicken und hieß sie Reue empfinden im Namen Gottes.

Diese Erzählung gibt nur ein schwaches Bild von der

Tücke und Hinterlist, die die Frauen gegen ihre Männer anwenden.

Die Moral der Geschichte ist, daß ein verliebter Mann sich in Gefahr begibt und sich den größten Mühsalen aussetzt.

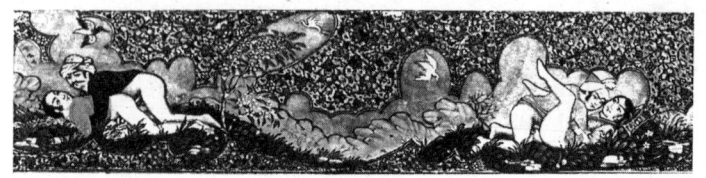

Drittes Kapitel

Die verachtenswerten Männer

Wisse, mein Bruder — Gott sei dir barmherzig! —, daß in den Augen der Frauen der Mann, der ungestalt, von ungeschliffenem Äußeren und kraftlos ist, als verachtenswert gilt.

Begegnet ein solcher Mann einer Frau, so behandelt er sie nicht mit Lebhaftigkeit und so, daß sie Wollust verspürt. Ohne Liebkosungen vorauszuschicken, vereint er sich mit ihr; er küßt sie nicht, er nimmt sie nicht fest in seine Arme, er beißt sie nicht, saugt nicht an ihren Lippen und kitzelt sie nicht.

Er steigt auf sie, ohne daß sie angefangen hätte, Lust zu verspüren; dann führt er sein weiches und schwungloses Glied ein, und dies mit unendlicher Mühe. Kaum hat er begonnen, ist er schon entkräftet: ein- oder zweimal bewegt er sich hin und her, dann beugt er sich auf die Brust der Frau nieder zur Ergießung, und dies ist schon der Gipfel seiner Anstrengungen. Alsdann zieht er sein Glied zurück und beeilt sich, von ihr herunterzusteigen.

Ein solcher Mann, sagt ein Schriftsteller, ist rasch in der Ergießung, langsam in der Aufrichtung. Nach der Zuckung, die der Austritt des Samens bewirkt, ist seine Brust schwer und sein Hinterteil leicht.

Solche Eigenschaften bilden für ihn keinerlei Empfehlung bei den Frauen. Auch der ist verächtlich, der falsch in seinen Worten ist, der ein gegebenes Versprechen nicht hält, der nur spricht, um zu lügen, der seiner Frau all sein Tun verhehlt.

Ein solcher kann keine Achtung finden bei den Frauen, da er ihnen keine Annehmlichkeiten zu bieten vermag.

Man erzählt sich von einem Mann namens Abbés, der in der Liebe besonders kraftlos war; dieser Mann hatte eine Frau von großer Beleibtheit, die er nie befriedigen konnte, so daß sie sich alsbald bei ihren Freundinnen darüber beklagte.

Die Frau besaß ein großes Vermögen, während Abbés sehr arm war, und wenn er vor seiner Frau einen Wunsch äußerte, konnte er sicher sein, daß sie ihn nicht erfüllte.

So besuchte er eines Tages einen Weisen und legte ihm seinen Fall vor.

Dieser sagte zu ihm: »Wärest du ein kräftiger Mann, so würdest du über das Vermögen verfügen. Weißt du nicht, daß die Religion der Frauen in ihrer Begierde liegt? Doch will ich dir ein Mittel verraten, das dich aus deiner Verlegenheit befreien soll.«

Abbés beeilte sich, ein Mittel nach der Vorschrift des Weisen zusammenzustellen, und als er davon Gebrauch machte, wurde sein Glied dick und lang. Als seine Frau ihn in diesem Zustand sah, war sie entzückt, aber es wurde noch besser, da sie beim Liebesgenuß etwas ganz anderes empfand, als sie bisher gewohnt gewesen war;

er bearbeitete sie in der Tat bei der Vereinigung so stark, daß sie Keuchen und Seufzen, Schluchzen und Schreien vernehmen ließ.

Sobald die Frau erkannt hatte, daß ihr Mann so ausgezeichnete Fähigkeiten besaß, schenkte sie ihm ihr ganzes Vermögen und stellte sich und ihren ganzen Besitz zu seiner Verfügung.

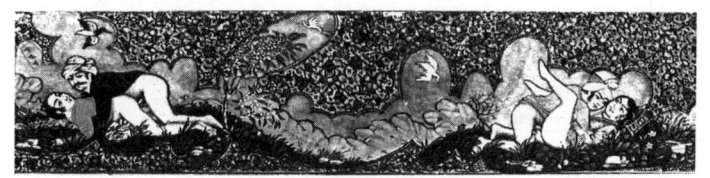

VIERTES KAPITEL

Die verachtenswerten Frauen

Wisse, Vezir — Gott sei dir barmherzig! —, es gibt Frauen von verschiedener Veranlagung: die einen verdienen jegliches Lob, die anderen im Gegenteil nur Verachtung.

Die Frau, die die Verachtung des Mannes verdient, ist häßlich und geschwätzig, sie hat krauses Haar, eine hervorspringende Stirn, kleine und trübe Augen, eine riesige Nase, blasse Lippen, einen großen Mund, runzlige Wangen, und ihre Zähne sind durch Lücken getrennt; ihre Backenknochen sind blau angelaufen, und es wachsen ihr Haare am Kinn, ihr Kopf wird von einem dünnen Hals getragen, der ausgeprägte Sehnen zeigt, ihre Schultern sind schmal, ihre Brust eng und schlaff, ihr Bauch gleicht einem leeren Lederschlauch, ihre Rippen springen hervor; man kann die Knochen ihrer Wirbelsäule zählen, und ihr Hinterteil zeigt kein Fleisch.

Endlich hat eine solche Frau dicke Knie, große Füße und Hände sowie abgezehrte Beine.

Eine Frau, die mit solchen Fehlern behaftet ist, kann

den Männern im allgemeinen und im besonderen ihrem Gemahl oder dem, der ihre Gunst genießt, keine Freude bereiten.

Wer einer solchen Frau nahe kommt, wird erleben, wie seine Begierde erlischt, als hätte er nur ein Lasttier neben sich. Der hohe Gott bewahre uns vor einer Frau von so abscheulichem Aussehen!

Auch die Frau, die beständig schallend lacht, verdient Verachtung, denn, wie ein Schriftsteller sagte: »Siehst du eine Frau viel lachen, Spiel und Scherz lieben, beständig unterwegs zu ihren Nachbarn, sich in Dinge mischen, die sie nichts angehen, ihren Mann durch beständige Klagen ermüden, sich mit anderen Frauen gegen ihn verbünden, sich wichtig machen, von jedem Geschenke annehmen, so wisse — eine solche Frau ist eine Hure ohne Schamgefühl.«

Auch die Frau verdient Verachtung, die von verdrießlichem, mürrischem Wesen und weitschweifig in ihren Worten ist, die leichtfertig in ihren Beziehungen zu Männern ist, die vorlaut und klatschsüchtig ist und die Geheimnisse ihres Mannes nicht zu bewahren weiß, oder die einen bösartigen Charakter besitzt. Spricht eine solche Frau, so lügt sie, macht sie ein Versprechen, so hält sie es nicht, und den, der sich ihr anvertraut, verrät sie; sie ist ausschweifend, diebisch, zänkisch, ungehobelt und jähzornig; sie ist unfähig, einen guten Rat zu erteilen, beständig ist sie beschäftigt mit den Angelegenheiten der andern und besorgt, was sie Schlimmes tun könnten, und immer auf neue Torheiten lauernd; viel Ruhe und wenig Arbeit liebt sie, im Verkehr mit einem Muselman, selbst mit ihrem Mann, bedient sie sich unanständiger Worte, stets führt sie Schmähungen im Munde, sie verbreitet einen schlechten Geruch, der uns ansteckt, wenn wir in ihrer Nähe sind und uns nicht verläßt, selbst wenn wir uns von ihr entfernen.

Nicht minder verächtlich ist die Frau, die redet ohne Zweck und Nutzen, die scheinheilig ist, aber das Gute nicht tut, die die Bitte ihres Mannes nach Erfüllung der ehelichen Pflicht nicht erfüllt, die ihren Gatten in seinen Geschäften nicht unterstützt, die ihn endlich belästigt mit beständigen Klagen und Tränen.

Sieht eine Frau dieser Art ihren Mann aufgeregt oder traurig, so geht sie nicht ein auf seine betrübte Stimmung, im Gegenteil, sie lacht und scherzt nur um so mehr, statt durch Liebkosungen die schlechte Laune ihres Mannes zu verscheuchen. Für sich und andere ist sie freigebig, nicht aber für ihren Mann, nicht für ihn schmückt sie sich; nicht für ihn sucht sie sich zu verschönern. Weit davon entfernt, ist sie vielmehr äußerst unreinlich und läßt ihren Mann sehen, was ihm widerwärtig an ihr sein muß, schmutzige, unsaubere Dinge und Gewohnheiten.

Von einer solchen Frau ist für den, der sie heiratet, kein Glück zu erwarten. Gott bewahre uns vor ihr!

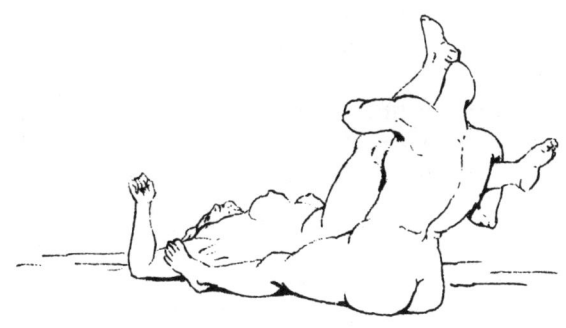

Fünftes Kapitel

Über die Vereinigung

Wisse, mein Vezir — Gott schütze dich! —, wenn du die Vereinigung wünschest, sollst du dich den Frauen nur mit einem von Nahrung und Getränken freien Magen nähern. Nur in diesem Zustand ist die Liebe gesund und wohlbekömmlich. Ist aber dein Magen beladen, so kann daraus für beide nur Schlimmes entstehen: ein Anfall von Schlagfluß und Gicht wird euch drohen, zum mindesten könnte eine Harnzurückhaltung oder eine Schwäche des Augenlichts die Folge sein.

Erleichtere deinen Magen also vorher von jedem Übermaß an Speise und Trank, und du wirst vor allen Erkrankungen sicher sein.

Übe die Liebe nicht aus, ohne deine Frau vorher durch allerhand Scherze erregt zu haben. Rege sie also durch deine Küsse auf ihren Wangen auf, durch Saugen an ihren Lippen, durch Beißen an ihren Brüsten. Streue verschwenderisch deine Küsse auf ihren Nabel und ihre Schenkel, nicht minder auch deine Neckereien auf ihrem Unterleib. Beiße sie in die Arme, vernachlässige keine Stelle an ihrem Körper, drücke dich fest an ihre Brust und zeige ihr so deine Liebe und Hingebung. Verschlinge deine Beine mit den ihrigen und drücke sie in deine Arme, denn wie der Dichter sagt:

> Meine rechte Hand habe ich als Kissen ihrem Hals
>   dienen lassen,
> Und, um sie an mich zu ziehen,
> Habe ich meine linke Hand ausgestreckt,
> Die sie gestützt hat wie in einem Bett.

Bist du bei einer Frau und siehst du sie mit schmachtenden Augen tief seufzend die Vereinigung ersehnen, dann laßt eure beiderseitigen Wünsche sich vereinen und eure Wollust sich bis zum höchsten Grad steigern, denn für die Freuden der Liebe wird dies der geeignetste Augenblick sein. Die Frau wird dann eine außerordentliche Lust verspüren; du selbst wirst sie um so mehr kosen, und sie wird dir deine Liebe erhalten, denn es heißt:

Sobald du die Frau tiefe Seufzer ausstoßen hörst, wenn sich ihre Lippen röten und ihre Augen schmachten, wenn ihr Mund sich halb öffnet und all ihre Bewegungen sich lösen in Lässigkeit, wenn du sie schläfrig siehst und schwankend in ihrem Gang und ein Gähnen sie überkommt, dies ist, laß dir sagen, der Moment zur Liebe. Dringst du dann bei ihr vor, so wirst du ihr einen sicheren Genuß bereiten. Du selbst wirst den Mund ihres Schoßes begierig finden, deinen Teil einzusaugen, was zweifelsohne den Gipfel der Lust für alle beide bedeutet, denn besonders dies ist der Ursprung der Liebe und Zuneigung.

Folgende Vorschriften, die von einem tiefen Kenner der Liebe stammen, sind wohlbekannt:

»Die Frau gleicht einer Frucht, die ihre Lieblichkeit erst von sich gibt, wenn man sie mit der Hand reibt. Nimm das Basilienkraut; wenn du es mit deinen Fingern nicht erwärmst, läßt es seinen Duft nicht ausströmen. Weißt du denn nicht, daß die Ambra nur wenn sie erhitzt und bearbeitet wird, den in ihren Poren enthaltenen Duft hergibt? Ebenso die Frau: Wenn du sie nicht anregst durch deine Scherze, die mit Küssen, mit Beißen in ihre Schenkel, mit Umklammerungen verknüpft sind, wirst du nie bei ihr erreichen, was du ersehnst, keine Lust wirst du genießen, wenn sie dein Lager teilt, und in ihrem Herzen keine Neigung, keine Hingebung, keine Liebe zu dir erblühen, kurz, alle ihre guten Eigenschaften werden dir verborgen bleiben.«

Man erzählt sich, daß ein Mann, der eine Frau fragte, was am meisten geeignet sei, bei der Vereinigung die Leidenschaft im Herzen der Frau zu entflammen, die folgende Antwort erhielt:

Du, der du mich nach den Dingen fragst, die für den Augenblick der Vereinigung das Verlangen entflammen, laß dir sagen, es sind die Scherze und Liebkosungen, die vorausgehen, und dann die kräftige Umarmung im Augenblick der Ergießung!

Glaube mir, die Küsse, die Bisse, das Saugen der Lippen, die Umarmungen, die Besuche des Mundes auf den Spitzen der Brüste und das Schlürfen des frischen Speichels, das ist es, was die Zuneigung dauerhaft gestaltet.

Auf diese Weise finden die beiden Höhepunkte zu gleicher Zeit statt; die Wollust stellt sich bei der Frau wie beim Mann in demselben Augenblick ein. Der Mann fühlt dann sein Glied vom Schoß ergriffen, was bei beiden Teilen die süßesten Wonnen der Lust erweckt.

Das ist es, was die Liebe erblühen läßt, und wenn die

Vereinigung sich nicht auf diese Weise abspielt, wird die Frau keinen vollständigen Genuß haben und die Wonnen des Schoßes werden sich nicht einstellen. Du mußt wissen, daß die Frau ihre Begierden nur gestillt sieht und den, der sich mit ihr vereinigt, nur dann lieben wird, wenn er sie in den Zustand versetzt, daß ihr Schoß arbeitet; tritt dieser aber in Tätigkeit, so wird die Frau ihrem Geliebten die verzehrendste Liebe entgegenbringen, selbst wenn er ein unangenehmes Äußeres hätte.

Setze deshalb alles aufs Spiel, auf daß beide Ergießungen zu gleicher Zeit stattfinden, denn darin beruht das Geheimnis der dauerhaften Liebe und Zuneigung.

Ein Gelehrter, der sich mit der Liebeskunst beschäftigte, berichtet folgendes, das ihm eine Frau im Vertrauen sagte:

»Ihr alle, ihr Männer, die ihr die Liebe und Zuneigung der Frau sucht und die ihr erstrebt, daß dies Gefühl in ihrem Herzen von Dauer sei, scherzt mit der Frau vorher, bereitet sie vor auf den Genuß und versäumt nichts, um dies Ziel zu erreichen. Erkundet sie daher so geschäftig wie möglich, gebt euch ganz ihr hin, und löst euren Geist los von den Dingen dieser Welt. Laßt ihn nicht entrinnen, den für die Lust günstigsten Augenblick: seht ihr ihre Augen feucht und ihre Lippen halb geöffnet, so ist er da. Dann geht vor, doch erst, nachdem ihr sie geküßt und mit ihr gescherzt, wie ich es empfohlen.

Danach, ihr Männer, wenn ihr die Frauen in den richtigen Zustand der Erregung versetzt habt, führt euer Glied ein, und wenn ihr nun darauf bedacht seid, es richtig hin und her zu bewegen, wird sie eine Lust verspüren, die alle ihre Wünsche befriedigt.

Doch bleibt auf ihrer Brust, laßt eure Küsse über ihre Wangen gleiten und euer Glied in ihrem Schoß verweilen; durchstoßt den Mund ihres Schoßes, das wird euer Werk krönen.

Ist euch das durch die Gnade Gottes vergönnt, so hütet euch, euer Glied zurückzuziehen — im Gegenteil: laßt es sich sättigen an der Lust ohne Ende! Vernehmt das Seufzen und das Keuchen der Frau; dies sind die Beweise der gewaltigen Lust, die ihr ihr bereitet habt.

Und ist die Lust vorüber und euer Liebesstreit an seinem Ende angelangt, so hütet euch, euch rasch zu erheben, sondern zieht euer Glied behutsam zurück. Bleibt bei der Frau und legt euch auf die rechte Seite des Bettes, das Zeuge eurer Lust gewesen ist; so werdet ihr euch wohlfühlen, und ihr werdet nicht wie ein Kerl gleich einem Maulesel auf die Frau steigen, der — ohne Rücksicht auf die noble Manier — gleich nach der Ergießung sich beeilt, sein Glied zurückzuziehen und sich zu erheben. Solch ein Verfahren ist zu vermeiden, denn es beraubt die Frau aller dauerhaften Lust.«

In Kürze: Ein echter Freund der Vereinigung darf nichts von dem, was ich empfohlen habe, versäumen, denn es hängt hiervon das Glück der Frau ab, und diese Vorschriften umfassen alles, was über das Gebiet zu sagen ist.

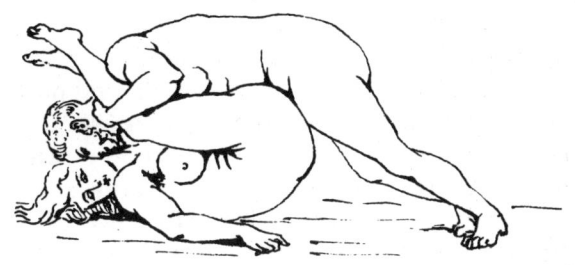

Sechstes Kapitel

Über Dinge,
die der Liebe günstig sind

Wisse, o Vezir — Gott sei dir wohlgesinnt! —, wenn du dir eine angenehme Vereinigung verschaffen willst, die beide Teile in gleicher Weise beglückt und befriedigt, mußt du zuvor mit der Frau scherzen, sie erregen durch Bisse, durch Saugen an ihren Lippen, durch Liebkosungen auf Hals und Wangen. Drehe sie auf dem Bett herum, bald auf den Rücken, bald auf den Bauch, bis du in ihren Augen lesen kannst, daß der Augenblick der Lust sich naht, wie ich es im vorhergehenden Kapitel beschrieben habe, und gewiß war ich nicht geizig in meinen diesbezüglichen Anweisungen.

Siehst du also die Lippen der Frau erzittern und sich röten, siehst du ihre Augen schmachtend und ihre Seufzer stärker werdend, wisse, dann lechzt sie nach der Vereinigung; dann dringe zwischen ihren Schenkeln vor, um dein Glied in ihren Schoß einzuführen. Befolgt ihr meine Ratschläge, so verschafft ihr euch beide eine genußreiche Vereinigung, die euch die größte Befriedigung gewähren und euch die süßeste Erinnerung hinterlassen wird.

Es hat einer gesagt:

»Verlangt es dich nach der Vereinigung, so lege die Frau auf den Boden, hefte dich an ihre Brust und ihre Lippen presse an die deinen; dann ziehe sie an dich, sauge ihren Atem ein, beiße sie; küsse sie auf ihre Brüste, ihren Bauch, auf ihre Seiten; presse sie nach rechts und nach links und drücke sie in deinen Armen, auf daß sie ohnmächtig werde vor Glück. In diesem Zustand führe dein Glied in sie ein. Auf solche Weise wird sich bei euch zu gleicher Zeit die Lust einstellen. Das ist es, was die Freude der Frau so süß macht. Beachtest du aber meine Ratschläge nicht, wird die Frau deine Wünsche nicht erfüllen und deinerseits wirst du ihr keinen Genuß bereitet haben.

Ist die Vereinigung zu Ende und willst du dich von der Frau trennen, so erhebe dich nicht plötzlich, sondern stehe sanft von ihrer rechten Seite auf; und hat sie empfangen, so wird sie einen Knaben gebären, wenn es dem hohen Gott gefällt!«

Weise und Gelehrte — Gott verzeihe ihnen allen! — haben gesagt:

Wenn einer seine Hand auf den Schoß einer schwangeren Frau legt und folgende Worte spricht: »Im Namen Gottes! Möge er seinen Segen und sein Erbarmen seinem Propheten schenken! — Möge sein Segen und Erbarmen auf ihm sein! — O mein Gott, ich bitte dich im Namen des Propheten, aus dieser Empfängnis einen Knaben hervorgehen zu lassen!«, so wird durch den Willen des Schöpfers und mit Rücksicht auf unseren Herrn Mohammed — Gottes Segen und Barmherzigkeit ruhe auf ihm! — die Frau einen Knaben gebären.

Unmittelbar nach der Vereinigung sollst du kein Regenwasser trinken, da dieses Getränk die Nieren schwächt.

Willst du die Vereinigung wiederholen, so parfümiere dich mit köstlichen Wohlgerüchen; dann nahe dich der Frau, und du wirst glücklichen Erfolg haben.

Hüte dich, bei der Vereinigung die Frau auf dich steigen zu lassen, denn werden bei dieser Stellung einige Tropfen der Scheidenflüssigkeit in den Kanal des Gliedes eingeführt, so ist zu befürchten, daß eine schlimme Harnröhrenentzündung entsteht.

Nach der Vereinigung vermeide anstrengende Arbeit, die auf deine Gesundheit nachteilig wirken könnte; überlasse dich vielmehr eine Zeitlang der Ruhe. Hast du dein Glied aus dem Schoß der Frau gezogen, so wasche es erst, wenn seine Erregung sich etwas gelegt hat; wie das Glied wasche auch die Öffnung mit der größten Vorsicht. Im übrigen sei sparsam mit den Waschungen deines Glieds. Ziehe es auch nicht unmittelbar nach der Ergießung aus dem Schoß, da dies Schanker zur Folge hat.

Es gibt zahlreiche und verschiedene Verfahren, sich mit der Frau zu vereinigen. Jetzt ist es Zeit, dich mit den verschiedenen gebräuchlichen Stellungen bekannt zu machen.

Der herrliche Gott hat gesagt: »Die Frauen sind euer Feld; geht auf euer Feld, wie es euch beliebt!«

Gemäß eurem Belieben könnt ihr die Stellung wählen, die euch am meisten zusagt, vorausgesetzt natürlich, daß die Vereinigung an dem dafür bestimmten Ort stattfinden wird; das ist im weiblichen Schoß.

Du läßt die Frau auf dem Rücken liegen und sie die Schenkel in die Höhe heben, legst dich zwischen ihre Beine und führst dein Glied ein. Indem du dich dann mit deinen Zehen gegen den Boden drückst, kannst du eine entsprechende taktmäßige Bewegung machen. Diese Stellung paßt besonders für den Mann, der ein langes Glied hat.

Wenn du ein kurzes Glied hast, lege die Frau auf den Rücken, hebe ihre Beine in die Höhe, so daß das rechte nahe bei ihrem rechten Ohr und das linke nahe bei ihrem linken Ohr ist, und in dieser Stellung, in der ihre Hinterbacken erhoben sind, springt ihr Schoß hervor. Dann führe dein Glied ein.

Lege die Frau ausgestreckt auf die Erde und stelle dich zwischen ihre Schenkel; lege dann eines ihrer Beine auf deine Schulter, das andere unter deinen Arm, nahe deiner Achselhöhle; so dringe in sie ein.

Lege die Frau auf die Erde und ihre Beine auf deine Schultern; in dieser Stellung wird dein Glied genau ihrem Schoß gegenüber kommen, der die Erde nicht berühren darf. Dann kannst du dein Glied ohne Schwierigkeit einführen.

Lege die Frau auf ihre Seite, du legst dich neben sie selbst auf die Seite, dringst zwischen ihre Schenkel vor und führst dein Glied in ihren Schoß ein. Doch begünstigt der Beischlaf auf der Seite Rheumatismus und Hüftschmerzen.

Lege die Frau auf ihre Knie und ihre Ellbogen, als wenn sie die Stellung zum Gebet einnehme. In dieser Stellung springt der Schoß zurück; so greifst du sie an und führst dein Glied ein.

Du legst die Frau auf die Seite, hockst dich zwischen ihre Schenkel, so daß du eines ihrer Beine auf deiner

Schulter, das andere zwischen deinen Schenkeln hast, während sie auf der Seite liegenbleibt. Dann dringst du in sie ein und schreibst ihr die Bewegung vor, indem du sie mit deinen Händen umschlingst und an deine Brust ziehst.

Lege die Frau mit dem Rücken auf die Erde und laß sie die Beine übereinanderkreuzen, dann setzt du dich auf den Knien wie ein Reiter auf sie, so daß ihre Beine zwischen deinen Schenkeln sind, und führst dein Glied in ihren Schoß ein.

Du bringst die Frau in eine Stellung, daß ihr Gesicht oder, wenn du es vorziehst, ihr Rücken auf eine mäßige Erhöhung gestützt ist, während ihre Füße auf der Erde ruhen. So bietet sie ihren Schoß der Einführung deines Glieds dar.

Lege die Frau nahe an einen niedrigen Diwan, an dessen Lehne sie mit den Händen Halt finden kann, dann kommst du von unten, hebst ihre Beine bis zur Höhe deines Nabels, während sie dich mit ihren auf beiden Seiten deines Körpers ruhenden Beinen umschlingt. In dieser Stellung führst du dein Glied ein, wobei du selbst die Lehne des Diwans ergreifst. Wenn du zum Handeln vorgehst, muß jede deiner Bewegungen der Bewegung der Frau entsprechen.

Lege die Frau mit dem Rücken auf die Erde, ihr Hinterteil auf ein Kissen gestützt; stelle dich dann zwischen ihre Beine, drücke ihre rechte Fußsohle gegen ihre linke Fußsohle und führe dein Glied ein.

Es gibt noch andere Verfahren als die eben beschriebenen, die bei den indischen Völkern gebräuchlich sind.

Du sollst wissen, daß die Bewohner dieses Landes die verschiedenen Verfahren, die Frau zu genießen, vervielfacht haben und daß sie in ihrem Wissen und ihren Erforschungen der Vereinigung weiter als wir vorgedrungen sind.

Unter diesen Verfahren sind folgende zu nennen:

El asemeud, das Zustopfen.
El modefedâ, die Art der Frösche.
El mokefâ, das Anklammern der Zehen.
El mokeurmeutt, die Beine in der Luft.
El setouri, die Art der Böcke.
El loulabi, die Schraube des Archimedes.
El kelouci, der Purzelbaum.
Hachou en nekanok, der Schwanz des Vogel Strauß.
Lebeuss el djoureb, das Anziehen der Unterstrümpfe
Kechef el astine, die gegenseitige Betrachtung der
    Hinterbacken.
Nezâ el kouss, das Spannen des Bogens.
Nesedj el kheuzz, das abwechselnde Durchbohren.
Dok el arz, das Stoßen auf der Stelle.
Nik el kohoul, die Vereinigung vom Rücken her.
El keurchi, der Bauch am Bauch.
El kebachi, die Art der Hämmel.
Dok el outed, das Einschlagen des Bolzens.
Sebek el heub, der Liebeserguß.
Tred ech chate, die Art der Schafe.
Kaleb el miche, die Umkehrung während der
    Vereinigung.
Rekeud el air, das Rennen des Gliedes.
El modakheli, der Einfüger.
El khouariki, der im Haus Bleibende.
Nik el haddadi, die Methode des Schmieds.
El moheundi, der Verführer.

El asemeud: Lege die Frau auf den Rücken, stütze ihr Hinterteil mit einem Kissen, stelle dich zwischen ihre Beine, deine Fußspitzen auf die Erde gestützt, lehne ihre beiden Schenkel so nahe als möglich an ihre Brust an, umschlinge sie dann mit deinen Händen unter ihren Armen oder klammere dich an ihre Schultern. Nun führe dein Glied ein und ziehe sie im Augenblick der Ergießung an dich heran. Diese Stellung ist für die Frau unangenehm, denn wenn ihr der Mann die Schenkel gegen die Brust führt und ihr Hinterteil durch ein Kissen schon erhöht ist, so neigen die Wände ihres Schoßes dazu, sich zu nähern, so daß, da die Gebärmutter nach vorn gelagert ist, für die Bewegung nicht genug Spielraum bleibt und fast der Platz fehlt, das eindringende Glied aufzunehmen; demzufolge kann dieses nur mit Mühe vordringen und gegen die Gebärmutter treffen. Diese Stellung sollte daher nur dann eingenommen werden, wenn der Mann ein kurzes oder weiches Glied hat.

El modefedâ: Lege die Frau auf den Rücken, hebe ihre Schenkel in die Höhe, so daß sich die Beine mit ihren Fersen vereinigen, welche sich ihrerseits auf diese Weise nahe bei ihren Hinterbacken befinden; dann setzt du dich in diese Art von Fensterchen dem Schoß gegenüber, in den du dein Glied einführst; hierauf legst du ihre Knie unter deine Achselhöhlen, ergreifst sie so gut wie möglich am oberen Teil ihrer Arme und ziehst sie im Höhepunkt der Vereinigung zu dir her.

El mokefâ: Lege die Frau auf den Rücken, hocke dich zwischen ihre Schenkel auf den Knien, wobei du die Erde mit deinen Zehen drückst; sei darauf bedacht, ihre Knie in Höhe deiner Seiten zu bringen, so daß sie deinen Rücken mit ihren Beinen umschlingen kann und dann ihre Arme um deinen Hals.

El mokeurmeutt: Die Frau legt sich auf den Rücken, du ziehst ihre Schenkel zusammen und hebst ihre Beine in die Höhe, bis ihre Fußsohlen zur Decke schauen; dann umschlingst du sie zwischen den Schenkeln und führst dein Glied ein, wobei du ihre Beine mit deinen Händen stützt.

El setouri: Die Frau liegt auf der Seite, du läßt sie das untere Bein ausstrecken und setzt dich, die Kniekehlen biegend, in den Zwischenraum ihrer beiden Schenkel; dann erhebst du ihr oberes Bein, so daß es die Höhe deines Rückens erreicht, und führst dein Glied ein. Bei der Vereinigung nimmst du sie bei den Schultern oder, wenn du dies vorziehst, bei den Armen.

El loulabi: Der Mann liegt ausgestreckt auf dem Rücken, die Frau setzt sich auf sein Glied, seinem Gesicht gegenüber, dann legt sie ihre Hände auf das Bett, so daß sie ihren Bauch entfernt von dem des Mannes halten kann; sie macht eine Heb- und Senkbewegung, und ist der Mann leicht von Gewicht, so nimmt er an dieser Bewegung von unten teil. Will die Frau in dieser Stellung den Mann küssen, so braucht sie bloß die Arme auf dem Bett auszustrecken.

El kelouci: Die Frau muß eine Hose tragen, die sie zur Erde fallen läßt. Dann biegt sie ihren Körper so, daß, während sie den Kopf zwischen ihre Füße hält, ihr Hals in der Öffnung der Hose anlangt. Der Mann ergreift in diesem Augenblick die Beine der Frau und dreht jene auf dem Rücken herum, indem er sie einen Purzelbaum schlagen läßt; während er seine Beine dann zusammendrückt, bringt er sein Glied genau dem Schoß gegenüber und führt es ein, indem er es in den Zwischenraum der beiden Beine gleiten läßt.

Man sagt, daß es Frauen gibt, die, auf dem Rücken liegend, ihre Füße unter ihren Kopf legen können — ohne Hilfe der Hose oder der Hände.

Hachou en nekanok: Die Frau liegt auf dem Rücken in der Länge des Betts, der Mann setzt sich vor ihr auf die Knie und hebt ihre Beine in die Höhe, so daß auf dem Bett nur ihre Schultern und ihr Kopf verbleiben; nachdem er dann das Glied in ihre Scheide eingeführt, bemächtigt er sich, um zur Bewegung zu kommen, der Hinterbakken der Frau, die ihrerseits seinen Hals mit ihren Beinen umschlingt.

Lebeuss el djoureb: Die Frau liegt auf dem Rücken, du setzt dich zwischen ihre Beine und bringst dein Glied zwischen ihre beiden Schamlippen, die du mit Daumen und Zeigefinger ergreifst; dann bewegst du dich hin und her, in der Weise, daß du den Teil deines Glieds, der in Berührung mit der Frau ist, tüchtig an ihr reibst. Du fährst damit fort, bis ihre Scham von der aus dem Glied fließenden Flüssigkeit feucht wird. Nachdem du sie auf diese Weise gehörig auf den Genuß durch die abwechselnden Bewegungen des Ein- und Ausführens deiner Waffe an ihrer Scheide vorbereitet hast, führst du es ganz ein.

Kechef al astine: Der Mann liegt ausgestreckt auf dem Rücken, die Frau setzt sich auf sein Glied, den Rücken dem Gesicht des Mannes zugewendet und mit ihrem Gesicht gegen die Füße des Mannes, der nun die Seiten der Frau zwischen seine Schenkel und Beine drückt; die Frau legt ihre Hände auf das Bett, um daran eine Stütze für ihre Bewegung zu finden, und sie bewegt sich, ihre Blicke gegen die Hinterbacken des Mannes gerichtet.

Nezâ el kouss: Die Frau liegt auf einer Seite, der Mann ebenfalls auf der Seite; er dringt zwischen ihren Beinen vor, wobei sein Gesicht gegen den Rücken der Frau gewendet ist; dann führt er sein Glied ein, während er seine Hände auf den oberen Teil ihres Rückens legt. Die Frau ihrerseits ergreift die Füße des Mannes, die sie so hoch als möglich hebt, indem sie ihn zu sich heranzieht; so bildet sie mit dem Körper des Mannes einen Bogen, dessen Pfeil sie ist.

Nesedj el kheuzz: Der sitzende Mann legt seine beiden Fußsohlen zusammen und nähert sie seinem Glied, indem er die Schenkel herabdrückt; die Frau setzt sich auf die Füße des Mannes, welche dieser festhält. In dieser Stellung müssen die Schenkel der Frau gegen die Seiten des Mannes gepreßt sein, und sie schlingt ihre Arme um seinen Hals. Der Mann ergreift nun die Beine der Frau nahe bei den Knöcheln; er nähert seine Füße ihrem Körper und bringt so die sitzende Frau seinem Glied nahe, das er in ihren Schoß einführt. Durch die Bewegung seiner Füße bringt er die Frau auf ihren vormaligen Platz zurück, ohne dabei sein Glied ganz herauszuziehen.

Die Frau ist darauf bedacht, sich möglichst leicht zu machen und sich soviel als möglich dieser Bewegung des Kommens und Gehens hinzugeben, denn ihre Mitwirkung ist dafür unerläßlich. Fürchtet der Mann, sein Glied könnte ganz heraustreten, so umarmt er die Frau an der Taille, wodurch die Frau nur die Bewegung empfängt, die ihr durch die Füße des Mannes, auf dem sie sitzt, mitgeteilt wird.

Dok el arz: Der Mann setzt sich mit gestreckten Beinen hin; die Frau setzt sich dann auf seine Schenkel, kreuzt ihre Beine hinter dem Rücken des Mannes und bringt ihren Schoß dem Glied des Mannes gegenüber und führt es darin ein; sie umschlingt dann den Hals des Mannes mit ihren Armen, während dieser sie, ihre Seiten und ihre Taille umfassend, auf seinem Glied auf- und niedersteigen läßt. Sie muß ihn bei seiner Bewegung unterstützen.

Nik el kohoul: Die Frau legt sich auf den Bauch, wobei sie ihre Hinterbacken mittels eines Kissens in die Höhe hebt; der Mann kommt von hinten, streckt sich auf ihrem Rücken aus und führt sein Glied ein. Die Frau umschlingt dabei die Ellbogen des Mannes mit ihren Armen. Diese Art ist von allen die leichteste.

El keurchi: Mann und Frau stehen aufrecht, einer dem andern gegenüber; die Frau öffnet ihre Schenkel, der Mann tritt hierauf mit seinen Füßen zwischen die der Frau, die ihrerseits auch ein wenig vorgeht. In dieser Stellung muß der Mann einen seiner Füße ein wenig vor dem anderen haben. Jedes der beiden schlingt nun seine Arme um die Hüften des andern; der Mann führt sein Glied ein, und alle beide bewegen sich in dieser Verschlingung gemäß einer Weise, die *nezâ el dela* heißt und die ich später erklären werde — wenn es dem allmächtigen Gott gefällt.

El kebachi: Die Frau stützt sich auf die Knie und legt ihre Hände auf die Erde; der Mann kommt von hinten, stellt sich auf die Knie und läßt sein Glied in ihren Schoß eindringen, den die Frau so weit als möglich heraustreten läßt; der Mann ist darauf bedacht, seine Hände auf die Schultern der Frau zu legen.

Dok el outed: Der Mann steht aufrecht, die Frau umfaßt seine Taille mit ihren Beinen, indem sie sich mit ihren Armen, die sie ihm um den Hals schlingt, festhält und sich gegen die Mauer stützt. Der Mann führt sein Glied in ihren Schoß ein, während er sie in dieser hängenden Stellung hält.

Sebek el heub: Die Frau legt sich auf die rechte Seite und du auf die linke; dein linkes Bein bleibt ausgestreckt, dein rechtes hebst du hoch, bis es an die Seite der Frau kommt, und du selbst legst auf deine Seite das untere Bein der Frau. In dieser Stellung dient dein oberes Bein als Stütze für den Rücken der Frau. Nach Einführung deines Gliedes machst du die dir passenden Bewegungen, auf welche die Frau eingeht, wenn es ihr gefällt.

Tred ech chate: Die Frau stellt sich auf Füße und Hände; der Mann hebt ihr von hinten ihre Schenkel in die Höhe, bis ihr Schoß sich seinem Glied gegenüber befindet, das er dann einführt. In dieser Stellung muß die Frau ihren Kopf zwischen ihre Arme legen.

Kaleb el miche: Der Mann streckt sich auf dem Rücken aus; die Frau gleitet zwischen seine Beine, legt sich auf ihn, wobei ihre Füße den Boden mit den Zehennägeln berühren. Sie hebt die Schenkel des Mannes in die Höhe, indem sie diese dessen eigenem Bauch nähert, so daß ihrem Schoß gegenüber das männliche Glied hervortritt, in den sie es einführt; dann legt sie ihre Hände auf das Bett neben die Seiten des Mannes. Es ist indes unerläßlich, daß die Füße der Frau durch ein Kissen gehoben werden, falls bei dieser Stellung Schoß und Glied zusammentreffen sollen.

Bei dieser Stellung sind die Rollen vertauscht, die Frau nimmt diejenige des Mannes ein und umgekehrt.

Eine andere Möglichkeit dieser Stellung ist folgende: Der Mann streckt sich auf dem Rücken aus, die Frau legt sich zwischen seine Beine, die Knie gebogen. Weiterhin stimmt diese Stellung genau überein mit der vorhin beschriebenen.

Rekeud el air: Der Mann legt unter seinen Rücken ein Kissen, auf das er sich stützt, sein Hinterteil darf jedoch das Bett nicht verlassen. In dieser Stellung hebt er seine Schenkel in die Höhe, bis sein Kopf seinen Knien gegenüber ist; nun setzt die Frau sich auf sein Glied, das sich ihrem Schoß gegenüber befindet; sie legt sich nicht, sondern sie nimmt Reitstellung ein, als wenn sie in einem durch die Knie und den Bauch des Mannes gebildeten Sattel säße. In dieser Stellung kann sie sich durch Biegen der Knie abwechselnd von oben nach unten und von unten nach oben bewegen. Sie kann auch ihre beiden Knie auf das Bett legen, in welchem Fall der Mann mit seinen beiden Schenkeln die Bewegung bestimmt, während sie ihn mit ihrer linken Hand an der rechten Schulter faßt.

El modakheli: Die Frau setzt sich auf ihr Steißbein, wobei allein die Spitzen ihrer Hinterbacken auf der Erde ruhen; der Mann nimmt die gleiche Stellung ein, wobei ihr Schoß seinem Glied gegenüber ist; nun legt die Frau ihren rechten Schenkel auf den linken des Mannes, der seinerseits seinen rechten Schenkel auf den linken der Frau legt.

Sodann führt die Frau sein Glied in ihren Schoß ein, mit ihren Händen des Mannes Arme ergreifend; jedes der beiden lehnt sich abwechselnd ein wenig nach hinten, und sie bewegen sich, wobei einer sich am anderen mit den Oberarmen hält, auf diese Weise wie beim Schaukeln; sie sind darauf bedacht, sich mit kleinen

Stößen zu bewegen und die größte rhythmische Über-
einstimmung in ihre Bewegungen zu bringen, die sie
mittels ihrer auf der Erde ruhenden Fersen lenken.

El khouariki: Die Frau liegt auf dem Rücken, der Mann
streckt sich auf ihr aus, wobei er Kissen unter den Händen hat.

Nach Einführung des Glieds hebt die Frau ihre Hinterbacken soviel als ihr möglich vom Bett in die Höhe,
und der Mann begleitet sie in ihrer Bewegung, ohne
sein Glied herauszuziehen; dann senkt die Frau sich
wieder auf das Bett mit einigen kurzen Stößen, und obwohl beide sich nicht umschlungen halten, bleibt der
Mann wie Leim an die Frau geheftet. Diese Bewegung
setzen sie hierauf fort; es ist dabei erforderlich, daß der
Mann sich leicht mache und nicht schwer von Körperge-
wicht sei und daß das Bett weich ist; anderenfalls können beide Teile diese Übung nicht ohne Unterbrechung
fortsetzen.

Nik el haddadi: Die Frau streckt sich auf dem Rücken aus,
legt ein Kissen unter ihre Hinterbacken und zieht ihre
Knie so weit als möglich gegen ihre Brust heran, so daß
ihr Schoß wie eine Scheibe hervortritt, sie führt dann
des Mannes Glied ein.

Der Mann führt während einiger Zeit die üblichen
Bewegungen der Vereinigung aus; dann zieht er sein
Glied aus dem Schoß zurück und läßt es einen Augen-
blick zwischen den Schenkeln der Frau hingleiten, nach
Art des Schmieds, der das glühende Eisen aus dem
Ofen zieht, um es in kaltes Wasser zu tauchen. Diese
Weise wird auch manchmal *sferdgeli* oder Winkellage ge-
nannt.

El moheundi: Die Frau liegt auf dem Rücken, der Mann
setzt sich zwischen ihre Beine, auf den Füßen hockend;

dann hebt er die Schenkel der Frau aufwärts, entfernt einen vom andern, wobei er die Beine der Frau unter seine Arme nimmt oder auf seine Schultern; danach umarmt er sie an der Taille oder faßt sie an den Schultern.

Die vorausgegangenen Schilderungen bieten eine größere Anzahl von Arten der Vereinigung, als man in Wirklichkeit anwenden kann. Allein in dieser großen Auswahl wird der Mann, der Schwierigkeiten in der Anwendung von einigen dieser Weisen findet, leicht andere, ihm mehr zusagende, finden.

Ich wollte nicht auch die Stellungen erwähnen, die mir unmöglich auszuführen schienen, und falls einer meinen sollte, daß die von mir beschriebenen Verfahren nicht ausreichen, so braucht er nur nach neuen zu suchen.

Unbestreitbar haben die Inder die größten Schwierigkeiten hinsichtlich der Vereinigung überwunden. Als eine von ihnen stammende Absonderlichkeit ist folgende Stellung anzuführen: Die Frau liegt auf dem Rücken, der Mann setzt sich auf ihre Brust, den Rücken gegen ihr Gesicht gekehrt, die Knie nach vorn und mit den Zehen die Erde kratzend; er hebt nun ihre Hüften in die Höhe, ihren Rücken so biegend, daß ihr Schoß seinem Glied genau gegenüberkommt. Er führt dieses dann ein, womit der Zweck seines Vorgehens erreicht ist.

Wie ersichtlich, muß diese Stellung eine große Ermüdung verursachen und sehr schwer auszuführen ein. Ich glaube sogar, daß sie nur in Worten oder in einer Zeichnung verwirklicht werden kann. Was die anderen, vorstehend geschilderten Verfahren betrifft, so können sie nur dann ausgeführt werden, wenn der Mann und die Frau von jeder körperlichen Mißbildung frei sind und eine einander entsprechende Statur besitzen; beispielsweise darf nicht eines von ihnen bucklig oder sehr klein oder sehr groß oder sehr dick sein. Ich wiederhole auch, daß beide vollkommen gesund sein müssen.

Nun will ich die Vereinigung zwischen zwei Personen von verschiedenem Körperbau behandeln. Ich will die für sie passenden Methoden eingehender schildern, indem ich jedes getrennt behandle.

Zunächst werde ich mich mit der Vereinigung eines mageren Mannes mit einer dicken Frau beschäftigen und mit den verschiedenen Stellungen, die sie dabei einnehmen können, wobei ich davon ausgehe, daß die Frau liegt und daß man sie nacheinander auf die vier Seiten wendet.

Will der Mann von der Seite in sie eindringen, so ergreift er den oben liegenden Schenkel der Frau, hebt ihn so weit als möglich gegen seine Flanke, so daß er auf seiner Taille ruht; er stützt den Kopf auf den Unterarm der Frau, dessen er sich wie eines Polsters bedient, und ist darauf bedacht, sich ein gut ausgestopftes Kissen unter die auf der Erde ruhende Hüfte zu legen, um sein Glied bis zur nötigen Höhe heben zu können; das ist eine wegen der dicken Schenkel der Frau unerläßliche Maßnahme.

Hat aber die Frau einen außerordentlich starken Bauch, der durch seine Fülle ihre Schenkel und Seiten überragt, so ist es am besten, sie auf den Rücken zu legen und ihre Schenkel gegen ihren Bauch in die Höhe zu heben; der Mann stellt sich gegen diese, die Knie gebogen, und ergreift mit seinen Händen die Taille der Frau, sie an sich heranziehend; und falls er wegen der Fülle ihres Bauches und ihrer Schenkel nicht gleich zum Ziel kommt, so muß er ihre Hinterbacken mit seinen beiden Armen zusammendrücken. Es ist ihm indessen unmöglich, sie richtig zu umarmen, da ihre durch den

Bauch behinderten Schenkel zu wenig Beweglichkeit haben. Er kann die Schenkel jedoch mit seinen beiden Händen ergreifen, wird sich jedoch hüten, sie aus ihrer Lage zu bringen, um sie auf die seinigen zu legen, denn wegen ihres Gewichts hätte er nicht mehr genug Kraft zur Ausführung der Bewegung. Wie der Dichter sagt:

Hast du zu tun mit ihr, so hebe ihre Hinterbacken
Und widme dich ihr nach Art eines Seils, das man
   einem Ertrinkenden zuwirft.
Dann wirst du zwischen ihren Schenkeln erscheinen
Wie der Ruderer am Ende des Schiffes.

Der Mann kann gleicherweise die Frau auf eine Seite legen, ihr das untere Bein vorziehen, sich dann auf den Schenkel dieses Beins setzen, sein Glied ihrem Schoß gegenüber, und nun das obere Bein in die Höhe heben, das die Frau bis zum Kniegelenk biegen muß. Dann faßt er mit den Händen die Beine und Schenkel der Frau und führt ihr sein Glied ein, seinen Körper zwischen ihren Beinen, die Kniekehlen gebogen und die Fußspitzen auf die Erde drückend, um den Hintern zu erheben, auf daß die Schenkel der Frau ihm den Zugang nicht versperren. In dieser Stellung können sie dann in Tätigkeit treten.

Hat die Frau infolge Schwangerschaft einen dicken Bauch, so wird sie der Mann auf eine Seite legen; dann legt er ihre Schenkel einen über den anderen, hebt alle beide gegen ihren Bauch in die Höhe, ohne daß sie ihn jedoch berühren; nun legt er sich hinter sie auf dieselbe Seite, sich in sie einfügend. So vermag er sein Glied ganz einzuführen, besonders wenn er denjenigen seiner Füße, der sich unter dem Bein der Frau befindet, bis auf die Höhe der Schenkel der Frau erhebt. Diese Weise ist auch bei einer nicht schwangeren Frau anwendbar. Die obige Stellung ist indes besonders für eine schwangere Frau ersonnen, da sie den Vorteil hat, ihr die begehrte Lust ohne Gefahr zu verschaffen.

Ist der Mann sehr beleibt, hat er einen dicken Bauch und ist andererseits die Frau mager, so ist es am zweckmäßigsten, daß die Frau die aktive Rolle übernimmt. Der Mann streckt sich daher auf dem Rücken aus, die Schenkel eng zusammen, während sich die Frau, die Beine spreizend, auf sein Glied setzt; sie legt ihre Hände auf das Bett, der Mann dagegen ergreift ihre Arme mit seinen Händen. Hat sie nun Geschicklichkeit in den Bewegungen, so hebt und senkt sie sich auf dem männlichen Instrument; hat sie aber hierzu nicht genügend Festigkeit, so setzt ihr der Mann die Hinterbacken in Bewegung, indem er von hinten mit einem seiner Schenkel abwechselnd einen Stoß gibt. Nur ist zu berücksichtigen, daß dem Mann diese Stellung bei der Vereinigung manchmal nachteilig sein kann. Es ist nämlich möglich, daß einige Tropfen der weiblichen Flüssigkeit in den Harnkanal des Mannes eindringen, was schwere Erkrankungen bewirken kann. Auch kann es vorkommen, und dies verursacht keine geringeren Beschwerden, daß der männliche Samen nicht heraustreten kann und in den Kanal zurückfließt.

Bevorzugt der Mann die Rückenlage der Frau, so setzt er sich mit gebeugten Knien zwischen ihre Beine, die sie nur mäßig auseinanderspreizt. In dieser Stellung hat er seine Hinterbacken zwischen den Beinen der Frau und den diese berührenden Fersen. Bei diesem Vorgehen wird er jedoch Müdigkeit verspüren infolge des durch die Lage seines Bauches auf dem der Frau verursachten Unbehagens; außerdem wird diese Lage ihm nicht gestatten, sein Glied vollständig in den Schoß einzuführen.

Ähnlich wird es sein, wenn sich beide auf die Seite legen, wie es oben für den Fall der Vereinigung einer schwangeren Frau beschrieben wurde.

Wollen sich ein fetter Mann und eine fette Frau vereinigen, so können sie damit nicht ohne Beschwerde fertig werden, besonders wenn beide einen dicken Bauch haben. Das beste, was sie in diesem Fall tun können, ist, daß sich die Frau auf die Knie setzt, die Hände auf dem Boden, so daß ihr Hintern höher als ihr Rücken ist; der Mann spreizt ihr nun die Beine auseinander, so daß die Fußspitzen zusammenbleiben und die Fersen auseinandergehen; dann geht er von hinten auf den Knien an die Frau heran, in seinen Händen seinen Bauch haltend, den er auf den Hintern der Frau legt, und führt sein Glied ein. Während der Vereinigung faßt er mit seinen Händen die Schenkel der Frau oder ihre Taille. Der Mann muß, wenn ihr Hintern zu tief ist, um seinen Bauch darauf zu stützen, dafür sorgen, ein Kissen oder einen anderen Gegenstand unter ihre Knie zu schieben, um sie zu erhöhen.

Für die Vereinigung eines fetten Mannes mit einer fetten Frau sehe ich keine Stellung, die dieser vorzuziehen wäre.

In der Tat, wenn der Mann zur Vereinigung sich zwischen die Beine der Frau legt, während diese auf dem Rücken liegt — unter den oben genannten Umständen —, so gestattet ihm das Zusammentreffen seines Bauches mit den Schenkeln der Frau nicht, einen ungehinderten Gebrauch von seinem Glied zu machen; er kann sogar ihren Schoß nicht bemerken oder ihn nur zum Teil entdecken; man kann sagen, daß es ihm unmöglich ist, die Vereinigung zu vollziehen.

Andererseits, wenn der Mann die Frau auf die Seite legen will, sich mit gebeugten Kniekehlen hinter sie stellt, den Bauch gegen den oberen Teil ihres Hinterns stützt, so muß sie ihre Schenkel bis zu ihrem Bauch biegen, um ihren Schoß sichtbar zu machen und so die Einführung des Gliedes zu ermöglichen. Dies ist in einigen Fällen möglich, kann sie aber ihre Schenkel nicht genügend biegen, so vermag der Mann weder ihren Schoß zu sehen noch in sie einzudringen.

Handelt es sich um die Vereinigung zweier fetter Personen, deren Bäuche nicht übertrieben dick sind, so können sie leicht alle Stellungen einnehmen. Nur darf die Vereinigung sich nicht zu sehr in die Länge ziehen, denn sie ermüden im Verlauf der Anstrengungen und verlieren den Atem.

Im Fall eines sehr großen Mannes und einer sehr kleinen Frau besteht die zu lösende Schwierigkeit darin, wie ihre Geschlechtsorgane und ihr Mund sich gleichzeitig begegnen sollen. Um dieses Ziel zu erreichen, legt sich die Frau am besten auf den Rücken; der Mann neben ihr, auf der Seite liegend, legt eine seiner Hände unter ihren Hals; mit der anderen hebt er ihre Schenkel, bis er sein Glied ihrem Schoß von hinten gegenüberbringen kann. Die Frau bleibt auf dem Rücken liegen. In dieser Stellung hält er sie mit seinen Händen am Hals und an den Schenkeln. Auf diese Weise kann er in sie eindringen; die Frau ihrerseits umschlingt seinen Hals mit ihren Händen und nähert ihre Lippen den seinigen.

Wünscht der Mann, daß die Frau auf der Seite liege, so legt er sich zwischen ihre Beine, ihre Schenkel so weit verrückend, bis sie in Berührung mit seinen eigenen Seiten sind, den einen oben, den anderen unten; nun gleitet er zwischen die beiden, bis sein Glied sich dem Schoß gegenüber befindet, und zwar von rückwärts. Mit den Schenkeln wird er sich dann gegen ihre Hinterbacken drücken, die er mit der einen Hand ergreift und deren er sich bedient, um die Bewegung anzugeben; mit der anderen Hand wird er die Frau am Hals umschlingen. Der Mann kann nach Belieben seine beiden Schenkel über jene der Frau legen und sie gegen sich pressen; so gewinnt er größere Leichtigkeit für die Bewegung.

Was die Vereinigung eines außergewöhnlich kleinen Mannes mit einer Frau von hohem Wuchs anlangt, so können beide Teile sich während der Vereinigung nur küssen, wenn sie eines der drei Verfahren benützen, die ich im folgenden aufführe, und hierbei werden sie wahrscheinlich doch noch ermüden.

Die Frau legt sich auf den Rücken, ein dickes Kissen unter ihren Hinterbacken und ein gleiches unter dem Kopf; dann zieht sie ihre Schenkel so weit als möglich gegen ihre Brust. Der Mann legt sich nun auf sie, führt sein Glied ein und streckt die Arme aus, um die Schultern der Frau zu ergreifen, die er an sich zieht. Die Frau umschlingt ihn mit Händen und Füßen hinter dem Rücken, während er sie an den Schultern und, falls es ihm gelingt, am Hals festhält.

Mann und Frau liegen sich beide auf der Seite gegenüber, die Frau streckt ihren Schenkel von unten aus und schiebt ihn unter die Seite des Mannes, ihn zugleich möglichst weit gegen dessen Oberkörper erhebend; ebenso verfährt sie mit ihrem anderen Schenkel, ihn nach oben schiebend; dann krümmt sie sich, so daß ihre Brust diejenige des Mannes nicht mehr berührt, während sein Glied in sie eindringt. Beide Teile müssen sich am Hals halten, und die Frau zieht den Mann an sich heran, indem sie ihre Beine hinter seinem Rücken kreuzt.

Der Mann legt sich auf den Rücken mit ausgestreckten Beinen; die Frau setzt sich auf sein Glied, streckt sich auf ihm aus und zieht ihre Knie bis zur Höhe ihres Bauches heran. Dann streckt sie ihre Arme über seine Schultern aus, zieht sie gegen die ihrigen und drückt ihren Mund gegen seine Lippen.

Alle diese Stellungen sind für beide Teile ermüdend; sie können jedoch eine andere von ihnen besser zusagende Art wählen, wenn sie es vorziehen, auf den Kuß während der Vereinigung zu verzichten.

Nun will ich über die auf Grund eines Höckers kleinen Leute sprechen, bei denen verschiedene Arten zu unterscheiden sind.

Zunächst will ich mich mit dem Mann befassen, dessen Rücken gewölbt, dessen Rückgrat und Hals jedoch gerade sind. Für ihn paßt eine kleine Frau zur Vereinigung, aber er kann sie nur von hinten umarmen. In dieser Stellung bringt er sein Glied ihrem Schoß gegenüber und führt es von hinten ein. Legt sich die Frau jedoch auf Füße und Hände, so ist dies noch vorzuziehen. Die Stellung ist die gleiche, wenn die Frau diese Art Höcker hat und der Mann gerade ist.

Haben aber beide eine solche Verkrümmung des Rückens, können sie bei der Vereinigung die ihnen zusagende Stellung einnehmen; sie können sich jedoch nicht umarmen; und wenn sie sich auf die Seite einander gegenüberlegen, bleibt zwischen ihnen beiden ein leerer Raum übrig. Und falls sich zur Vereinigung einer von ihnen auf den Rücken legt, muß er ein Kissen unter seinen Kopf und seine Schultern legen, um sie zu stützen und den zwischen seinem Körper und dem Boden befindlichen leeren Raum auszufüllen.

Für den Fall, daß der Mann nur einen verwachsenen Hals hat, so daß sein Kinn sich an die Brust lehnt, er sonst jedoch gerade ist, so kann er bei der Vereinigung alle ihm zusagenden Stellungen einnehmen und sich allen Umarmungen und Liebkosungen nach Belieben hingeben, nur kann er nicht auf den Mund küssen. Liegt die Frau auf dem Rücken, so wird es bei der Vereinigung aussehen, als stoße er sie wie ein Widder. Hat dazu auch die Frau einen verwachsenen Hals, so wird ihre Vereinigung der zweier gehörnter Tiere gleichen, die mit ihren Köpfen gegeneinanderstoßen. Die für sie am besten geeignete Stellung ist die, daß die Frau sich auf die Knie setzt und der Mann von hinten in Tätigkeit tritt. Der Mann, bei dem der Höcker auf seinem Rücken nur wie die Hälfte eines Wasserkrugs erscheint, ist nicht so verwachsen, wie der, von dem der Dichter sagt:

Legst du ihn auf den Rücken, so ist er eine Schüssel;
Kehrst du ihn um, so hast du einen Deckel.

In seinem Fall kann er bei der Vereinigung die Weise des kleinen und geraden Mannes anwenden; allerdings wird es ihm schwer möglich sein, sich auf den Rücken zu legen.

Liegt eine Frau von kleinem Wuchs auf dem Rücken und ein solcher Verwachsener auf ihrem Bauch, so wird ein solcher Buckliger den Eindruck eines Deckels auf einem Gefäß machen. Ist die Frau dagegen groß, so wird er dem Hobel eines Schreiners beim Arbeiten gleichen.

Hierüber habe ich folgende Verse gedichtet:

Der Bucklige ist gekrümmt gleich einem Bogen;
Siehst du ihn, so rufst du aus: »Gepriesen sei Gott!«
Und fragst du ihn über seine Art der Vereinigung,
So lautet die Antwort: »Das ist meiner Sünden Buße.«
Die Frau gleicht einem aufgelegten Brett,
Und der Bucklige, der in sie eindringt, gleicht dem Hobel.

Ferner habe ich gedichtet:

> Der Bucklige hat ein Rückgrat mit einem Knoten.
> Die Engel ermüdeten beim Aufschreiben all seiner
>   Sünden.
> Geht er auf die Suche nach einer hübschen Frau
> Und nach ihrer Gunst, so stößt sie ihn zurück und
>   sagt: »Wer wird die Vergehen tragen, die wir
>   begehen?«
> Er spricht: »Ich trage sie auf diesem Buckel!«
> Doch sie verspottet ihn und sagt:
> »O du Hobel, zu höhlen bestimmt,
>   nimm doch ein Brett!«

Haben Mann und Frau einen Buckel, so kann das Paar die verschiedenen Arten der Vereinigung benützen, muß jedoch folgende Vorsicht gebrauchen: Will sich einer von beiden auf den Rücken legen, so muß er seinen Buckel von den vier Seiten mit Kissen stützen, die ihn von allen Seiten einhüllen, wie mit einem Turban. In diesem Nest wird er seinen Buckel unterbringen, so daß seine Spitze geschützt ist, da dieser Körperteil sehr empfindlich ist. Auf diese Weise steht ihrer innigen Umarmung nichts mehr im Wege.

Findet sich beim Mann zugleich auf dem Rücken und auf der Brust ein Vorsprung, so kann er bei der Vereinigung die ihm zusagende Stellung einnehmen, muß jedoch auf Umarmungen verzichten. Im allgemeinen ist aber die Vereinigung stets für beide Teile beschwerlich. Hierüber habe ich folgendes gedichtet:

> Der Bucklige, in die Vereinigung emsig vertieft,
> Gleicht einem Gefäß, das mit zwei Hälsen versehen
>   ist.
> Wünscht er sich eine Frau, so spricht sie zu ihm:

Jean-Auguste Dominique Ingres:
Das türkische Bad, 1832.

Jean-Auguste Dominique Ingres:
Die große Odaliske.

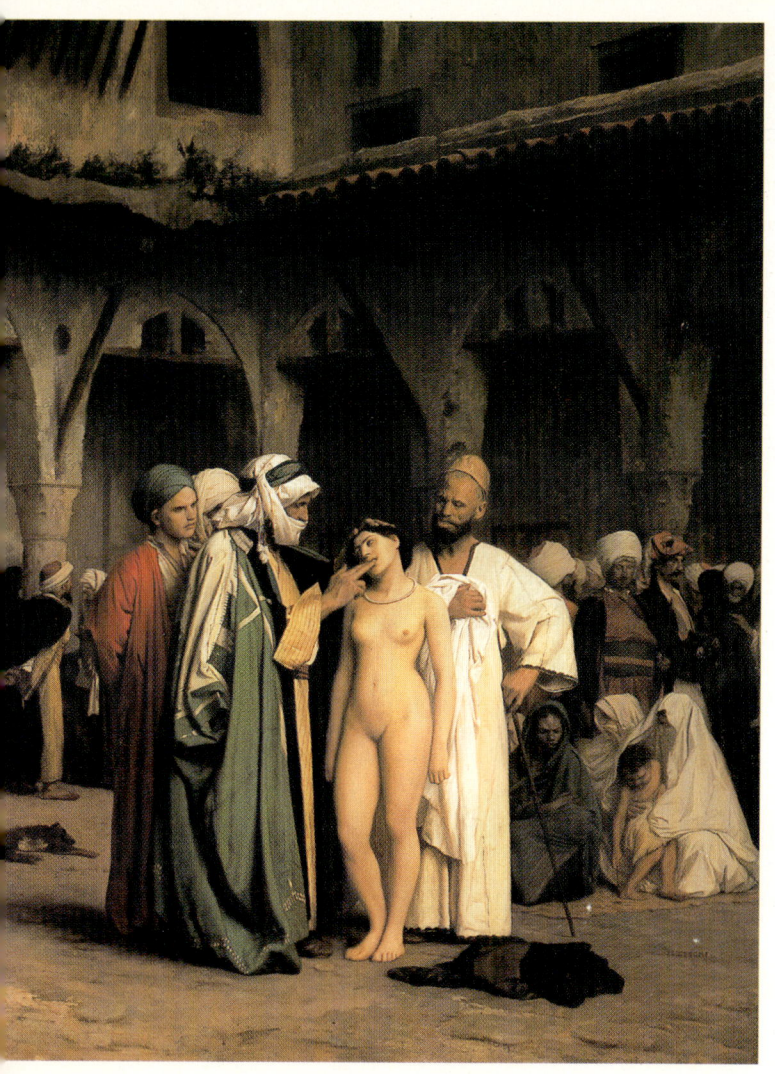

Jean-Léon Gérôme:
Der Sklavenmarkt, undatiert.

»Du kannst nicht, dein Buckel ist hinderlich.
Dein Glied wird wohl den Ort zum Hineinstoßen
    finden,
Doch, was du auf deiner Brust hast, wo gehört das
    hin?«

Sind Frau und Mann bucklig, sowohl vorn wie hinten,
ist für sie bei der Vereinigung die beste Stellung folgende: Der Mann legt die Frau auf eine Seite und führt
dann sein Glied in ihren Schoß, wie es oben für den Fall
der schwangeren Frau geschildert wurde. So wird das
Zusammentreffen der beiden Buckel vermieden. Alle
beide liegen auf der Seite, und in dieser Stellung nähert
sich der Mann der Frau von hinten. Legt sich die Frau
auf den Rücken, so stützt sie durch ein Kissen ihren
Buckel und hebt ihren Hintern so hoch als möglich; der
Mann kniet sich zwischen die Beine der Frau. In dieser
Stellung werden ihre beiden Buckel in Entfernung gehalten, und sie können so alle Schwierigkeiten vermeiden.

Ebenso verhält es sich, wenn die Frau den Kopf nach unten und das Hinterteil in die Luft hält, nach der Art des *El kouri*, die mit Erfolg anzuwenden ist, wenn beide auf der Brust und nicht am Rücken mißbildet sind. In diesem Fall macht der eine die Hin- und Herbewegung.

Die sonderbarste Beschreibung und die erheiterndste Schilderung, die mir in dieser Beziehung jemals begegnet ist, geben folgende Verse wieder:

Ihre beiden Auswüchse haben sich einander
    genähert
Und die Natur hat sie zu einem Gegenstand des
    Lachens gemacht.
Er schien verstümmelt, als ob er abgeschnitten wäre.
Er gleicht einem Mann, der sich beugt, um einem
    Stoß auszuweichen.
Oder der, nachdem er einen Stoß erhalten,
Sich krümmt, indem er den zweiten erwartet.

Hat der Mann ein verbogenes Rückgrat in der Höhe der Hüften, ist der Rücken aber gerade, so daß er aufrecht stehend die Haltung eines zur Hälfte zum Gebet Niedergesunkenen hat, so ist für ihn die Vereinigung sehr schwer. Es ist ihm unmöglich wegen der wechselseitigen Stellungen seiner Schenkel und seines Bauches, sein Glied ganz einzuführen, da es zwischen seinen Schenkeln nach hinten verschwindet. Für ihn paßt es am besten, auf seinen Füßen zu bleiben. Dann nimmt die Frau folgende Stellung ein: Sie kniet unter ihm, indem sie ihren Hintern in die Höhe und die Hände auf den Boden legt. Er führt nun sein Glied ein, auf dem sich die Frau wie auf einem Zapfen bewegen muß, da für ihn die Bewegung höchst schwierig ist. Es ist dies nach der Art von *El kouri*, nur mit dem Unterschied, daß die Frau die Bewegung macht.

Es kommt vor, daß ein Mann von einer allgemeinen Ikaad oder Zomana genannten Krankheit befallen wird, die ihn zwingt, beständig zu sitzen. Erfaßt diese Krankheit seine Knie und Beine und sind seine Schenkel sowie das Rückgrat gesund, so sind ihm alle Stellungen der Vereinigung möglich, die nicht sein Aufrechtstehen erfordern. Sind aber seine Hinterbacken von dem Leiden befallen, ist sein übriger Körper aber gesund, so kann er keine Bewegung machen, und die Frau muß ihn hierin ersetzen.

Wisse, daß die für den Genuß und die Liebe erfreulichste Vereinigung nicht immer in den soeben beschriebenen Arten besteht; doch glaubte ich im Interesse der Vollständigkeit des Werkes davon sprechen zu müssen. Manchmal ergeben sich wunderbare Vereinigungen bei Leuten, die sich lieben und die, obwohl sie nicht vollkommen gebaut sind, trotzdem die Möglichkeit finden, sich bei der Vereinigung gegenseitig zu unterstützen.

Man erzählt sich, daß es erfahrene Frauen gibt, die bei der Rückenlage eins ihrer Beine senkrecht in die Luft heben und auf den so erhobenen Fuß eine Öllampe stellen lassen, die angezündet wird. Während der Mann sich nun mit der Frau vereinigt, läßt diese die Lampe nicht fallen, nicht einmal einen Tropfen des darin enthaltenen Öls, und die Lampe bleibt immer brennend. Durch diese Übung, die eine große Erfahrung beiderseits erfordert, wird die Vereinigung in keiner Weise gehindert.

Sicherlich haben die Inder in ihren Werken eine Vielzahl von Vereinigungen beschrieben, aber die meisten gewähren bei ihrer Anwendung keinen Genuß und verursachen mehr Beschwerden als Lust. Das Erstrebenswerte bei der Vereinigung, wodurch das höchste Maß der Lust gewährt wird, sind die Umarmungen und die

Küsse. Das ist es, was die Vereinigung des Menschen von der des Tieres unterscheidet. Niemand ist unempfindlich für die aus der Verschiedenheit der Geschlechter stammenden Freuden, und der Mensch findet darin die höchste Glückseligkeit.

Hat die Liebe des Mannes den höchsten Grad erreicht, so werden ihm alle Freuden der Vereinigung leicht, und er befriedigt sein Verlangen auf jegliche Weise.

Der Freund der Vereinigung soll alle diese Weisen erproben, um herauszufinden, welche Stellung beiden Teilen die höchste Lust gewährt. Diese wird er dann mit Vorliebe anwenden; so wird er seine Wünsche befriedigen und sich die Zuneigung der Frau erhalten.

Viele haben die vorstehend beschriebenen Möglichkeiten erprobt. Keine haben sie der sogenannten *Dok-el-arz*-Weise vorgezogen.

Man erzählt hierüber, daß ein Mann eine Frau von unvergleichlicher Schönheit und vollendeter Anmut besaß. Er vollzog mit ihr die Vereinigung auf die gewöhnliche Weise, mit Ausschluß jeder anderen Art. Die Frau empfand aber nichts von dem Genuß, der mit der Vereinigung verbunden zu sein pflegt, und war infolgedessen nach der Liebestat stets sehr verdrossen.

Der Mann beklagte sich darüber bei einer alten Frau, die ihm sagte: »Versuche mit deiner Frau verschiedene Wege der Vereinigung, bis du eine findest, die ihr Befriedigung gewährt. Verkehre dann nur noch auf diese Weise mit ihr, und sie wird dir eine grenzenlose Zuneigung entgegenbringen.«

Der Mann versuchte also verschiedene Methoden mit der Frau, und als er bei der *Dok-el-arz*-Weise anlangte, sah er sie in den höchsten Liebesverzückungen; im Augenblick der Wollust fühlte er ihren Schoß kräftig an seinem Glied ziehen. Indem sie seine Lippen biß, sagte sie zu ihm: »Das ist die wahre Weise, um Liebe zu erwecken!«

Diese Äußerungen bewiesen dem Liebhaber in der Tat, daß seine Frau in dieser Stellung die höchste Lust empfand, und so verkehrte er mit ihr nur noch gemäß dieser Weise. So erreichte er das Ziel seiner Bemühungen, und seine Frau brachte ihm eine geradezu närrische Liebe entgegen.

Versuche also wechselweise die verschiedenen Stellungen, denn jede Frau liebt die Art, die ihr einen vollen Genuß gewährt; die meisten aber haben eine ausgesprochene Vorliebe für die *Dok-el-arz*-Weise, weil bei ihrer Anwendung sich Bauch an Bauch und Mund an Mund befindet und daher das Saugen des Schoßes selten ausbleibt.

Nun habe ich noch die verschiedenen bei der Vereinigung üblichen Bewegungen zu erörtern. Ich will einige schildern:

Neza ed dela — Bewegung des Eimers im Brunnen: Mann und Frau umschlingen sich eng nach der Einführung des Gliedes; dann bewegt sich der Mann einmal hin und her und zieht sich ein wenig zurück; die Frau kommt ihm nun entgegen, indem sie auch einen Stoß verursacht, worauf auch sie sich zurückzieht. In ihrer abwechselnden Bewegung fahren sie hierin fort, sich gegenseitig im Takt haltend. Sie sind darauf bedacht, ihre Füße und Hände gegeneinanderzuhalten, so daß ihre Bewegung der eines Eimers im Brunnen gleicht.

El netahi — der gegenseitige Anstoß: Jeder von beiden zieht sich nach der Einführung des Gliedes zurück, aber ohne daß dieses ganz zurückgezogen wird. Dann geben sich beide, sich umarmend, einen zärtlichen Stoß und fahren darin taktmäßig fort.

El motadani — die Annäherung: Der Mann bewegt sich wie gewöhnlich, dann hält er an; die Frau, da nun das Glied an seinem Platz ist, bewegt sich ihrerseits wie der Mann, dann hält sie an. Sie fahren in dieser Weise fort, bis bei beiden zu gleicher Zeit die Ergießung erfolgt.

Khiate el heub — der Schneider der Liebe: Der Mann macht nur mit einem Teil seines Gliedes, das er nicht gänzlich eingeführt hat, eine beschleunigte Bewegung, die einem Reiben gleicht; dann senkt er es mit einem einzigen Stoß bis zum Grund des Schoßes. Die Bewegung gleicht derjenigen der Nadel in der Hand eines Schneiders, an der sich sowohl Mann wie Frau ein Beispiel nehmen müssen.

Diese Bewegung paßt nur für einen Mann und eine Frau, welche die Ergießung nach ihrem Willen verzögern können, denn bei anderen Naturen würde sie zu schnell zum Ende der Vereinigung führen.

Souak el feurdj — der Zahnstocher im Schoß: Der Mann führt sein Glied zwischen die Wände des Schoßes ein und gleitet dann nach oben, unten, rechts und links. Nur ein Mann, der ein starkes Glied besitzt, kann diese Bewegung ausführen.

Tâchik el heub — die Einschachtelung der Liebe: Der Mann führt sein Glied ganz in den Schoß ein, so daß seine Haare sich völlig mit denen der Frau vermischen. In dieser Stellung hat er eine kraftvolle Bewegung zu beginnen, ohne daß der kleinste Teil des Gliedes aus dem Schoß heraustritt.

Diese Bewegung ist die beste von allen, und sie paßt besonders für die *Dok-el-arz* genannte Stellung. Die Frauen ziehen sie jeder anderen vor, da sie ihnen eine außerordentliche Lust verschafft, weil sie so das Glied in ihrem Schoß festhalten können. Damit wird am vollkommensten ihre Begierde besänftigt.

Die Tribaden genannten Frauen wenden bei ihren gegenseitigen Liebkosungen nie eine andere Bewegung an. Sie paßt auch für den Mann und die Frau, die rasch ergießen.

Ohne Kuß gibt es kein Verfahren in der Liebe, das einen wirklichen Genuß verschafft, und was die Verfahren anlangt, bei denen es nicht möglich ist, sich während der Vereinigung zu küssen, so ist kein wirklicher Genuß darin zu finden, in Anbetracht dessen, daß der Kuß eines der stärksten Liebesreizmittel für den Mann wie die Frau ist.

Ich dichtete folgende Verse:

Die schmachtenden Blicke
Setzen eine Seele mit einer anderen in Verbindung,
Und die zärtlichen Küsse
Dienen als Vermittler zwischen der gegenseitigen
   Liebe.

Man behauptet, daß der Kuß einen wesentlichen Teil der Vereinigung bildet. Der beste Kuß ist der auf die feuchten Lippen gedrückte, mit einem Saugen an Lippen und Zunge, das aus letzterer einen süßen und frischen Speichel austreten läßt. Es liegt am Mann, bei der Frau dieses Austreten des Speichels durch ein leichtes und zartes Beißen zu bewirken, so daß im Augenblick, in dem die Zunge seine Wirkung verspürt, sie einen besonders köstlichen Speichel absondert, der angenehmer als verdünnter Honig ist und sich nicht mit dem Speichel des Mundes vermischt. Diese kleine List bewirkt beim Mann ein Erbeben, das sein ganzes Sein durchläuft und sich durch ein heftigeres Erschauern kundgibt als die durch Wein hervorgerufene Trunkenheit.

Ein Dichter hat gesungen:

Als ich sie küßte, trank ich an ihrem Munde
Wie das reich aufgezäumte Kamel an dem Wasserloch
trinkt.
Ihre Umklammerung und ihres Mundes Frische
Verleihen mir ein tödliches Liebessehnen.

Der Kuß soll wohlklingend sein. Sein leichtes und lang anhaltendes Geräusch entsteht zwischen der durch den Speichel schlüpfrig gewordenen Zunge und dem Rand des Gaumens. Es entsteht durch die Bewegung der Zunge im Innern des Mundes und gleichzeitig durch die Verschiebung des Speichels, die das Saugen hervorruft.

Der auf die äußeren Lippen gegebene Kuß, der mit einem lauten Geräusch verknüpft ist, das demjenigen gleicht, mit dem man die Katzen ruft, bereitet keinen Genuß. Er eignet sich nur, um Kinder und die Hand zu küssen.

Von dem Kuß bei der Vereinigung, aus dem eine außerordentliche Lust zu schöpfen ist, habe ich oben gesprochen.

Man sagt mit einem Sprichwort: »Ein feuchter Kuß ist mehr wert als eine übereilte Vereinigung.«

Ich habe hierüber einige Verse gedichtet:

Du küssest mich auf die Hand. Mein Mund ist's, auf
den du deine Küsse drücken sollst.
O Frau, die du mein Ideal bist!
Einen schönen Kuß hast du mir gegeben, doch er ist
verloren,
Denn die Hand vermag die Lust des Kusses nicht zu
kosten.

Die drei Ausdrücke kobla, letsem und bouss beziehen sich ohne Unterscheidung sowohl auf den Kuß der Hand wie des Mundes. Das Wort ferame gilt nur für den Kuß auf den Mund.

Ein arabischer Dichter hat gesagt:

Bei Gott, das liebeskranke Herz findet kein
  Heilmittel
Weder in der Zauberei noch in Amuletten,
Noch in der Umarmung ohne Kuß,
Noch im Kuß ohne Vereinigung.

Und der Verfasser des Werkes »Die Juwelen der Braut und die Lust der Seelen« hat als Ergänzung und Erläuterung die zwei folgenden Verse hinzugefügt:

Weder durch Unterhaltung ohne Umarmung,
Doch wohl durch Übereinanderschlagen der Beine.

Denk daran, daß alle Liebkosungen und alle Arten von Küssen ohne echte Liebe keinen Nutzen haben. Du solltest dich ihrer daher enthalten, wenn du nicht wirklich liebst, denn sie entflammen ein Feuer ohne Zweck. Die sich erhitzende Leidenschaft gleicht in der Tat dem sich entzündenden Feuer, und wie nur das Wasser dieses löschen kann, so vermag nur wahre Liebe jene Gluten zu löschen und jene Qualen zu stillen.

Die Frau hat ebensowenig wie der Mann einen Nutzen von Liebkosungen, denen keine Vereinigung folgt.

Man erzählt sich, daß Dahama bent Mesedjel vor dem Statthalter der Provinz Yamama mit ihrem Vater und ihrem Gatten El Adjadje erschien und letzteren beschuldigte, er sei impotent, vollziehe mit ihr nicht die Vereinigung und nähere sich ihr überhaupt nicht.

Ihrem Vater, der ihr in diesem Prozeß beistand, war-

fen die Leute von Yamama vor, daß er sich in diese Angelegenheit einmische. Sie äußerten ihm gegenüber:
»Schämst du dich nicht, für deine Tochter die Vereinigung zu beanspruchen!«

Worauf er erwiderte: »Ich will, daß sie Kinder habe;
verliert sie sie, so ist es Gottes Wille, behält sie sie, so
werden sie ihr nützlich sein.«

Dahama brachte ihre Beschwerde beim Statthalter
mit folgenden Worten vor: »Dieser da, mein Mann, hat
mich bis jetzt unberührt gelassen.«

Der Statthalter unterbrach sie: »Das beruht ohne
Zweifel auf Mangel an gutem Willen deinerseits.«

»Im Gegenteil«, erwiderte sie, »für ihn liege ich jede
Nacht bereit.«

Der Gatte rief aus: »Emir, sie lügt! Um sie zu besitzen, muß ich mit ihr kämpfen.«

Der Emir sprach sein Urteil: »Ich gewähre dir eine
Frist von einem Jahr, um zu beweisen, daß ihre Behaup-
tung falsch ist.« Dies tat er jedoch nur aus Rücksicht für
den Mann. Und Adjadje zog sich alsdann zurück, indem
er folgende Verse sprach:

Dahama und ihr Vater Mesedjel hofften,
Der Emir werde eine Entscheidung treffen
Über meine Impotenz.
Ist das Roß nicht manchmal faul?
Und doch ist es ein großes, starkes Tier.

Einmal zurückgekehrt, schickte er sich an, seine Frau
kräftig in seine Arme zu schließen, sie zu liebkosen und
auf den Mund zu küssen, doch damit waren seine Bemühungen zu Ende, er blieb unfähig, Beweise seiner
Manneskraft zu geben. Da sagte Dahama zu ihm: »Laß
ab von den Liebkosungen und Umarmungen, sie reichen nicht aus für die Liebe. Was ich brauche, ist ein

kräftiges und steifes Glied, dessen Samen sich bis in meine Gebärmutter ergießt.« Und sie sagte folgende Verse auf:

Bei Gott, such mich nicht hinzuhalten durch
     Umarmungen
Und durch viele Küsse und Umklammerungen.
Meine Qualen zu stillen vermag nur die Liebe,
Die sich kräftig beweist.

El Adjadje führte sie voll Verzweiflung alsbald zu ihrer Familie und verstieß sie noch in dieser Nacht, um seine Schande zu verbergen.

Ein Dichter sang aus diesem Anlaß:

Was nützen der Frau die Liebkosungen,
Kostbare Gewänder und Schmuck,
Wenn ihr dabei nicht vergönnt ist der Körper
     Verschlingung
Und der Beweis der Liebe durch die männliche
     Kraft?

Wisse also, daß die vollständige Befriedigung für die Mehrzahl der Frauen nicht in den Küssen und Umarmungen liegen kann. Sie liegt vielmehr für sie nur in der Manneskraft, sei sein Äußeres auch nicht einnehmend und seien seine Formen auch unangenehm.

Man erzählt hierüber, daß Moussa ben Besâb sich eines Tages zu einer Frau in der Stadt begab, die eine vorzügliche Sängerin als Sklavin besaß, um ihr vorzuschlagen, sie ihm zu verkaufen. Diese Frau war von blendender Schönheit; mit einem höchst reizvollen Äußeren verband sich ein beträchtliches Vermögen. Zu gleicher Zeit lebte im Hause ein noch junger Mann, der aber schlecht gebaut und von widerlichem Äußeren war, und der kam und ging und Befehle erteilte.

Moussa befragte die Frau über diesen Mann und erhielt zur Antwort: »Es ist mein Mann, und für ihn würde ich mich aufopfern.«

»Das ist eine harte Sklaverei, zu der du verdammt bist«, sagte er, »und ich bedauere dich. Wir gehören Gott und zu ihm kehren wir zurück. Doch welch außerordentliches Unglück und welches Mißgeschick, daß diese unvergleichliche Schönheit und diese entzückenden Formen für diesen Mann bestimmt sind, den ich da sehe!«

Doch sie versetzte: »Sohn meiner Mutter, bei Gott, wüßtest du, wie er mich behandelt, wenn wir allein sind, dann würde sich seine Häßlichkeit auch in deinen Augen in Vollkommenheit verwandeln.«

»Gott erhalte ihn dir«, erwiderte Moussa.

Man erzählt auch, daß der Dichter Farazdak eines Tages einer Frau begegnete, der er einen glühenden Blick voll Liebe zuwarf und die ihn deshalb folgendermaßen ansprach: »Was hast du, daß du mich in dieser Weise anschaust? Auf nichts darfst du für dich hoffen.«

»Warum?« fragte der Dichter.

»Weil du ein häßliches Äußeres hast, und was du verborgen hast, ist wohl auch nicht mehr wert.«

Er versetzte: »Wenn du mich auf die Probe stellen wolltest, würdest du sehen, daß das, was ich verberge, so geartet ist, daß es das, was ich zeige, verzeihen läßt.« Er entblößte sich nun und ließ sie ein Glied von der Dikke des Arms eines jungen Mädchens sehen. Bei diesem Anblick fühlte sie den Brand der verliebten Gier. Als er es bemerkte, bat er, sie liebkosen zu dürfen. Sie entblößte sich nun auch ihrerseits und ließ ihn einen Venusberg sehen, hervortretend wie eine Kuppel.

Er erledigte dann sein Geschäft mit ihr und sprach folgende Verse:

Ein Glied habe ich ihr eingeführt, dick wie ein
    jungen Mädchens Arm;
Ein Glied mit einem runden Kopf, zum Angriff
    bereit;
Seine Länge mißt eine und eine halbe Spanne,
Und wahrlich, es war, als hätte ich es in ein Bratrohr
    gesteckt!

Wer nach dem höchsten Glück strebt, das ihm eine Frau
gewähren kann, muß sich ihren Wünschen nach heftigen Liebkosungen, wie ich sie beschrieben habe, hingeben. Dann wird er sie vor Lust in Ohnmacht fallen sehen; ihr Schoß wird feucht werden und sich wölben,
und zu gleicher Zeit werden sich die beiden Ergießungen einstellen.

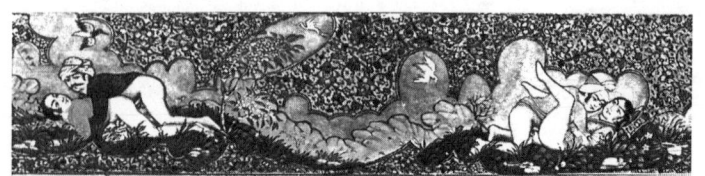

Siebentes Kapitel

Über Dinge,
die der Liebe schädlich sind

Wisse, o Vezir — Gott sei dir barmherzig! —, es gibt viele Leiden, die durch die Liebe verursacht werden. Ich will dir einige wichtige aufführen, die du kennen sollst, um sie vermeiden zu können.

Zunächst laß dir sagen, daß die Vereinigung in stehender Stellung die Kniegelenke schädigt und ein nervöses Zittern herbeiführt und daß die Vereinigung auf der Seite Gicht und Ischias verursacht, deren Sitz hauptsächlich das Schenkelgelenk ist.

Führe die Vereinigung auch nicht nüchtern oder unmittelbar vor dem Essen aus; Rückenschmerzen würden sich einstellen, du würdest deine Kraft verlieren und deine Sehschärfe schwächen.

Hat sich die Frau zur Vereinigung auf deine Brust gelegt, so wirst du Erkrankungen des Rückgrats und des Herzens ausgesetzt sein, und falls bei dieser Stellung der kleinste Tropfen der gewöhnlichen Ausflüsse des

Schoßes in deinen Harnkanal eindringt, bist du einer schmerzhaften Entzündung ausgesetzt.

Laß dein Glied auch nicht nach der Ergießung im Schoß verweilen, denn dies könnte entweder Blasengrieß zur Folge haben oder eine Rückgraterweichung oder einen Bruch der Blutgefäße oder endlich eine heftige Lungenentzündung. Zuviel Bewegung nach der Vereinigung ist ebenfalls schädlich.

Vermeide auch, dein Glied nach der Vereinigung zu waschen, denn dies kann den Schanker verursachen.

Was zum Beispiel die Liebe einer alten Frau betrifft, so ist sie tödliches Gift, und man sagt: »Liebe nicht die alten Weiber, selbst wenn sie viele Reichtümer hätten. Die Liebe der alten Frauen ist ein vergiftetes Mahl.«

Wisse, wer eine Frau liebt, die jünger ist, als er selbst, der gewinnt neue Kraft; ist er mit ihr gleichaltrig, so hat er keinen Nutzen hiervon; ist sie endlich älter als er, so entzieht sie ihm im Gegenteil alle Kraft für sich selbst. Dies besagen folgende Verse:

Sei auf deiner Hut und nimm dich in acht vor alter
    Frauen Liebe;
In ihren Busten ist das Gift der Arakime enthalten.

Man sagt: »Liebe nicht eine alte Frau, und wenn sie dir anböte, dich mit Brot aus Grieß und Mandeln zu ernähren.«

Übermäßige Leidenschaft ist der Gesundheit nachteilig, und zwar wegen des damit verbundenen Samenverlustes. Denn wie die mit dem Rahm hergestellte Butter das Beste der Milch darstellt, und wenn man ihr den Rahm entzieht, die Milch ihren Hauptwert verliert, so ist auch der Samen aus den besten Stoffen der Nahrung gebildet, und sein Verlust schwächt die Gesundheit. Andererseits hängen der körperliche Zustand und infolgedessen die Eigenschaften des Samens direkt von der

Art der Ernährung ab. Will man sich daher leidenschaftlich der Liebe hingeben, ohne eine zu große Abspannung zu verspüren, so muß man sich mit kräftigenden Nahrungsmitteln ernähren, mit anregenden Konfitüren, mit aromatischen Pflanzen, mit Fleisch, Honig, Eiern und ähnlichen Nahrungsmitteln. Wer diese Diät befolgt, ist geschützt vor folgenden Übelständen, die übermäßige Leidenschaft im Gefolge haben kann:

Erstens, der Verlust der Manneskraft.

Zweitens, die Schwächung seiner Augen, denn angenommen, daß er der Blindheit entrinne, wird er sicher weniger von Augenübeln gequält, wenn er meine Ratschläge befolgt.

Drittens, der Verlust seiner körperlichen Kräfte, denn es kann ihm ergehen wie dem, der fliehen will und nicht kann, oder wie dem, der eine Last trägt oder sich einer Arbeit hingibt, aber alsbald ermattet und alle Frische verliert.

Wer von dem Bedürfnis nach körperlicher Liebe befreit sein will, mache von Kampfer Gebrauch. Viele Frauen wenden dieses Mittel an, wenn sie heftige Eifersucht gegen ihre Rivalinnen verspüren, oder wenn sie das Bedürfnis fühlen, sich zu erholen. Sie versuchen dann, sich den nach Bestattung der Toten übrigbleibenden Kampfer zu verschaffen und scheuen kein Geldopfer, um ihn von alten Frauen, die sich damit befassen, zu erlangen. Auch der Henna-Blume, die man Faria nennt, bedienen sie sich, indem sie sie in Wasser aufweichen, bis sie gelb wird, und daraus ein Getränk herstellen, das eine dem Kampfer gleiche Wirkung hat.

Gewisse Dinge wirken durch ihren ständigen Gebrauch schädlich und schwächen allmählich die Gesundheit. Dazu gehören alle Ausschweifungen, lange Reisen bei schlechter Jahreszeit, die den Körper schwächen und Erkrankungen des Rückgrats verursachen können, besonders in den kalten Ländern. Die gleichen Übelstände können auch aus der gewohnheitsmäßigen Berührung mit Gegenständen entstehen, die Kälte und Feuchtigkeit erzeugen, wie Gips und ähnliche Stoffe.

Für den, der beim Urinieren Schwierigkeiten hat, wird die Vereinigung verderblich.

Das gewohnheitsmäßige Essen saurer Speisen schwächt.

Das Verweilen des männlichen Gliedes im weiblichen Schoß nach der Ergießung, sei es kurz oder lang, schwächt dieses Organ und macht es zur Vereinigung minder geeignet.

Liegst du bei einer Frau, so eine dich mit ihr mehrmals, wenn es dir Lust gewährt, aber hüte dich, das zu übertreiben, denn ein wahres Wort lautet: »Wer um seiner selbst willen das Liebesspiel betreibt und um sein Verlangen zu befriedigen, erfährt ein stärkeres und längeres Vergnügen; wer dies aber tut, um anderer Lüste zu befriedigen, fällt in Schande, findet allmählich kein Vergnügen mehr daran und wird unfähig zur Vereinigung.«

Der Sinn dieser Worte ist der: Wenn der Mann sich zur Vereinigung aufgelegt fühlt und sie mit mehr oder weniger Glut ausführt — je nach der Lust, die er verspürt — und in dem ihm zusagenden Augenblick und wenn seine Wollust nur durch das Bedürfnis, sich einer Frau zu nähern, hervorgerufen und bestimmt wird, so hat er nicht zu befürchten, impotent zu werden.

Wer aber die Vereinigung um anderer willen vollzieht, das heißt, wer dabei nur auf die Befriedigung der Leidenschaft seiner Geliebten abzielt und alle seine Anstrengungen auf diesen unmöglich zu erreichenden Punkt richtet, der vernachlässigt sein eigenes Wohl und gefährdet sich selbst durch die Freuden, die er einer anderen Person verschaffen will.

Als nachteilig sind zu betrachten: die Vereinigung im Bad oder unmittelbar nachher sowie die Vereinigung nach einem Aderlaß oder einem Abführmittel, oder nach anderen Mitteln dergleichen. Auch nach einer starken Trunkenheit ist die Vereinigung zu vermeiden. Die Vereinigung der Frau, die sehr stark menstruiert, ist für den Mann wie für die Frau in gleicher Weise verderblich, da ihr Blut in diesem Zustand schlecht und ihr Schoß kalt ist; andererseits ist der Mann zahlreichen Krankheiten ausgesetzt, wenn die kleinste Menge Blut in die Blase des Mannes eindringt. Die Frau selbst empfindet während ihrer Menstruation keinen Genuß bei der Vereinigung und hat eine Abneigung dagegen.

Was die Vereinigung im Wasser betrifft, so behaupten einige, daß es kein Vergnügen gewähre, wenn, wie es glaubhaft erscheint, der Grad der Lust von der Wärme des Schoßes abhängt; im Bad kann der Schoß nichts als kalt und somit untauglich zur Wollustspendung sein. Übrigens darf nicht vergessen werden, daß das in die männlichen oder weiblichen Geschlechtsteile eindringende Wasser für beide Teile schwerwiegende Folgen haben kann.

Hat man viel gegessen, so kann die Vereinigung eine Zerreißung in den Eingeweiden bewirken. Auch nach Ermüdungen oder bei großer Hitze und Kälte ist sie zu vermeiden.

Man sagt, daß unter den Folgeerscheinungen, die sich plötzlich aus der Vereinigung ergeben können, in den übermäßig warmen Ländern die Blindheit oft in einem Augenblick und ohne vorausgehende Anzeichen auftritt.

Eine Wiederholung der Vereinigung ohne die Vorsichtsmaßregel der Abwaschung ist zu vermeiden, denn man läuft sonst Gefahr, die männliche Kraft zu schwächen.

Der Mann hat auch darauf zu sehen, sich nicht der Frau zu nähern, wenn er im Zustand gesetzlicher Unreinheit ist; denn, wenn sie aus dieser Vereinigung schwanger wird, so könnte das Kind nicht gesund sein.

Es ist zu vermeiden, nach der Ergießung bei der Frau zu bleiben, denn dadurch nimmt die günstige Stimmung zur Wiederholung ab.

Man hüte sich, schwere Lasten auf dem Rücken zu tragen, und vermeide lange geistige Anspannung, wenn man der Vereinigung nicht schaden will. Auch soll man nicht gewohnheitsmäßig seidene Kleider tragen, da diese Gewohnheit alle Energie zur Vereinigung verschwinden läßt. Die seidenen Kleider, welche die Frau trägt, haben auch die Eigentümlichkeit, die Aufrichtung des Gliedes schwinden zu lassen.

Fasten, wenn es zu lange dauert, beruhigt die Liebesbegierden, aber im Anfang erregt es sie.

Man soll sich fetter Getränke enthalten, da sie auf die Dauer die Kraft zur Liebe mindern.

Der Gebrauch sowohl des schal gewordenen wie auch des aromatisierten Schnupftabaks ruft dieselbe Wirkung hervor.

Nachteilig ist, sich die Geschlechtsteile sogleich nach der Vereinigung zu waschen; im allgemeinen dämpft das Waschen mit kaltem Wasser das Verlangen, während warmes Wasser es begünstigt.

Die Unterhaltung mit einer hübschen Frau ruft beim Mann eine Aufrichtung und Liebesglut hervor, die der Jugend der Frau entsprechen.

Folgenden Rat gab ein Araber seiner Tochter im Augenblick, in dem man sie ihrem Gatten zuführte: »Parfümiere dich mit Wasser«, womit er sagen wollte, sie möge sich den Körper waschen, da das Wasser den Wohlgerüchen vorzuziehen sei und diese im übrigen nicht an allen Körpern haften.

Man berichtet in gleichem Sinn, daß ein Mann auf die Bemerkung seiner Frau: »Du bist kein rechter Mann, da du dich nie parfümierst«, ihr erwiderte: »Du Unsaubere, die Frau ist es, die süß duften soll.«

Der Mißbrauch der Vereinigung führt zum Verlust der Freude daran; um diesem Übelstand abzuhelfen, braucht der Mann nur das Blut eines Bockes mit Honig zu mischen und sich das Glied hiermit zu bestreichen. Er wird dann bei der Vereinigung eine herrliche Wollust verspüren.

Auch die Lektüre des Korans soll günstig auf die Liebe wirken.

Wisse, daß es für einen klugen Mann angezeigt ist, die Freuden der Liebe nicht zu mißbrauchen. Der Samen ist das Lebenswasser; wenn du damit haushältst, wirst du stets tauglich für die Freuden der Liebe bleiben; er ist das Licht deines Auges; vergieße ihn nicht jedesmal, wenn du Lust hast, denn wenn du dich nicht mäßigen kannst, wirst du dich zahlreichen Krankheiten aussetzen. Kluge Ärzte haben gesagt: »Eine kräftige Veranlagung ist unerläßlich für die Liebe, und wer eine solche hat, vermag sich ihr ohne Gefahr hinzugeben; dies gilt jedoch nicht für den, der eine schwache Konstitution hat; er läuft Gefahr, sobald er sich ohne Mäßigung den Frauen hingibt.«

Der weise Es Sakli hat sich darüber, wie oft es für den Mann zuträglich ist, die Liebe auszuüben, in folgender Weise ausgesprochen: der Mann, sei er phlegmatisch, sei er sanguinisch, soll nicht öfter als zwei- bis dreimal monatlich seine Frau besuchen; der Gallige und Hypochonder nicht häufer als ein- bis zweimal im Monat. Trotzdem ist es eine erwiesene Tatsache, daß heute viele Leute unersättlich in der Liebe sind, ohne zu ahnen, daß sie sich zahlreichen inneren wie äußeren Krankheiten aussetzen.

Die Frauen sind in der Befriedigung ihrer Wünsche mehr begünstigt als die Männer. Das ist in der Tat ihre Besonderheit, wobei ihnen alles zum Vorteil gereicht, während die Männer zahlreichen Gebrechen ausgesetzt sind, wenn sie sich uneingeschränkt den Freuden der Liebe hingeben.

Nachdem ich nun diese Übelstände behandelt habe, halte ich es für zweckmäßig, dir folgende Verse zu unterbreiten, die darauf bezügliche gesundheitliche Ratschläge enthalten. Verfaßt wurden sie auf Geheiß Haroun el Raschids von den berühmtesten Ärzten seiner Zeit, die er ersucht hatte, ihm geeignete Mittel mitzuteilen, um die aus der Liebesvereinigung hervorgehenden Krankheiten erfolgreich zu bekämpfen:

Iß langsam, wenn du Nahrung auf Nahrung
In deinen Magen häufen willst, und nimm dir Zeit
    zur Verdauung.
Was die schwer zu kauenden Nahrungsmittel
betrifft,
So weise sie zurück, denn sie bilden eine schlechte
    Nahrung.
Insbesondere, trinke nicht gleich nach dem Essen,
Denn dies hieße, einem dir drohenden Leiden
    entgegenzulaufen.
Zwinge dich nicht, deine überflüssigen Stoffe zu-
    rückzubehalten, wenn sie zum Abgang bereit sind,
Selbst wenn du mit den empfindlichsten Leuten
    zusammensein solltest;
Hauptsächlich aber wirf sie weit von dir, sobald du
    dich schlafen legst;
Das ist durchaus nötig, wenn du ruhig schlafen
    willst.
Enthalte dich soviel wie möglich der Medikamente
    und Drogen,

Manche nur im Falle einer ernsten Erkrankung
Gebrauch davon.
Umgib dich mit zahlreichen Vorsichtsmaßregeln,
denn sie verleihen
Die Gesundheit des Körpers, die die festeste Stütze
ist.
Suche nicht im Übermaß die Liebkosungen der
Mädchen,
Denn das Übermaß dieser Vergnügungen würde
dich zu vorzeitigem Altern führen.
Hüte dich, hüte dich vor allem vor der alten Frau
und ihren Umarmungen,
Denn ihre Liebkosungen würden wie Gift auf dich
wirken.
Einmal alle zwei Tage sollst du dich deiner
Unreinlichkeit durch ein Bad entledigen.
Erinnere dich dieser heilsamen Ratschläge und
befolge sie mit Beharrlichkeit.

Dies waren die Mahnungen, die die Weisen dem Meister des Wohlwollens und der Güte erteilten, dem Gütigsten der Gütigen.

Alle Weisen und Ärzte stimmen darin überein, daß die den Menschen quälenden Leiden aus übermäßigem Liebesgenuß hervorgehen. Wer also seine Gesundheit und insbesondere sein Augenlicht erhalten und ein angenehmes Leben führen will, genieße mäßig die Freuden der Liebe und bedenke, daß daraus die größten Übel hervorgehen können.

Achtes Kapitel

Die verschiedenen Namen für das Glied des Mannes

Wisse, Vezir — Gott sei dir barmherzig! —, daß man für die Kraft des Mannes verschiedene Namen erfunden hat — als da sind:

El dekeur, das männliche Glied.

El kamera, der Penis.

El air, das Zeugungsglied.

El hamama, die Taube.

El teunnana, der Klingler.

El heurmak, der Unzähmbare.

El ahlil, der Befreier.

El zeub, die Rute.

El hammache, der Erreger.

El náasse, der Schläfer.

El zoddame, der Einbrecher.

El khiate, der Schneider.

Mochefi el relil, der die Glut der Leidenschaft Löschende.

El khorrate, der Hin- und Herläufer.

El deukkak, der Schläger.

El âouame, der Schwimmer.
El dekhal, der Einbrecher.
El aâouar, der Einäugige.
El fortass, der Kahle.
Abou aine, der ein Auge hat.
El âtsar, der Stolperer.
El dommar, der Kappenträger.
Abou rokba, der einen Hals hat.
Abou guetaia, der einen Haarwald hat.
El besiss, der Freche.
El mostahi, der Schamhafte.
El bekkai, der Weinende.
El hezzaz, der sich hin und her Bewegende.
El lezzaz, der sich Einverleibende.
Abou lâaba, der Spucker.
El fattache, der Sucher.
El hakkak, der Reiber.
El mourekhi, der Schlaffe.
El motelâ, der Durchwühler.
El mokcheuf, der Entdecker.

Was die Namen kamera und dekeur betrifft, so spricht ihre Bedeutung aus ihnen. Dekeur ist abgeleitet aus dem Wort dekeur, das bedeutet den Männlichen von allen Geschöpfen und will auch sagen: Erwähnung, Erinnerung. Wenn ein Mann seiner Männlichkeit verlustig gegangen oder kraftlos geworden ist, oder wenn er infolge von Impotenz seine eheliche Pflicht nicht mehr erfüllen kann, so sagt man von ihm: »Die Männlichkeit eines solchen ist tot, das heißt: Sein Andenken wird sich verlieren, und seine Nachkommenschaft ist in der Wurzel abgeschnitten worden.« Wenn er plötzlich stirbt, sagt man von ihm: »Seine Männlichkeit ist abgeschnitten worden«, das heißt: »Sein Andenken ist von der Welt verschwunden.«

Der dekeur spielt auch in den Träumen eine wichtige Rolle. Der Mann, der im Traum seine Männlichkeit verliert, kann sicher sein, diesen Traum nicht lange zu überleben, denn, wie ich erklärt habe, bedeutet dies den Verlust seines Angedenkens und die Auslöschung seines Geschlechts.

Ich will auf einige Einzelheiten der Traumdeutung eingehen.

Die Zähne — senanee — bedeuten Jahre — senine; wenn ein Mann im Traum Zähne sieht, die schön in einer Reihe stehen, ist dies für ihn das Anzeichen eines langen Lebens.

Sieht er seinen Nagel — *defeur* — von oben nach unten und von unten nach oben gekehrt, so ist dies ein Anzeichen, daß der Sieg — *defeur* —, den er über seine Feinde davongetragen hat, sich wenden wird und daß er aus einem Sieger zum Besiegten werden wird; andererseits, sieht er den Nagel seines Feindes umgekehrt, so kann er daraus schließen, daß der Sieg, der seinem Feind gehörte, bald zu ihm zurückkehren wird.

Das Sehen einer Lilie — sonsena — ist die Vorbedeutung eines Unglücks, das ein Jahr dauern wird — son bedeutet Unglück, sena bedeutet Jahr.

Das Erscheinen von Straußvögeln — nâmate — in den Träumen ist von schlechter Vorbedeutung, da ihr Name aus naâ und mate gebildet, Todesnachricht, das heißt Gefahr bedeutet.

Das Traumgesicht eines Schildes — kenafa — zeigt Herannahen von allerlei Unglück an, denn dies Wort ergibt mit einer Verstellung der Buchstaben koul afa, volles Unglück.

Der Anblick der frischen Rose — ouarde — kündigt das Nahen — ouroud — einer Freude an, die das Herz erbeben läßt; ist aber die Rose verblüht oder welk, so bedeutet sie eine lügnerische Nachricht, ebenso verhält es sich mit dem Haarausfall an den Schläfen und noch anderen Dingen.

Der Jasmin — Yasmine — ist gebildet aus yas, was eine Täuschung oder das Nahen des Gegenteils dessen, was man wünscht, bedeutet, und aus mine, was Lüge bedeutet. Wer also den Jasmin im Traum gesehen hat, kann daraus schließen, daß die Enttäuschung, yas, die sich im Wort Jasmin findet, eine Lüge ist, und er kann folglich des Erfolgs seines Unternehmens sicher sein.

Gleichwohl haben die im Jasmin enthaltenen Vorbedeutungen nicht den Charakter der Sicherheit wie die durch die Rose gegebenen.

Die Erscheinung eines Fleischtopfes — beurma — zeigt den Abschluß — anuberame — der Geschäfte an, in die man verwickelt ist. Abou Djahel, Gott verfluche ihn! — fügte bei, dieser Geschäftsabschluß solle während der Nacht stattgefunden haben.

Ein großer Wasserkrug — khabia — ist das Anzeichen der Schande — khebets — in jeder Art von Geschäften, es sei denn, daß er in einen Brunnen oder Fluß gefallen und nicht zerbrochen ist, um die darin enthaltenen unglücklichen Ereignisse herauslassen zu können.

Die Sägespäne — nechara — zeigen eine gute Nachricht — bechara — an.

Das Tintenfaß — douaia — bedeutet das Heilmittel — doua — das heißt die Heilung des Kranken, sofern es nicht verbrannt, zerbrochen oder verloren ist, in welchem Falle es das Gegenteil voraussagt.

Der Turban — âmama — falls man ihn auf das Gesicht fallen und die Augen bedecken gesehen hat, ist eine Vorbedeutung von Blindheit — âma — Gott bewahre uns davor!

Eine Gemme, die man verloren oder vergessen und in gutem Zustand wieder gefunden hat, ist das Anzeichen von Erfolg.

Träumt einer, er steige durch ein Fenster aus — taga — so zeigt ihm dies an, daß er mit Überlegenheit –- taga — aus seinen etwaigen Geschäften, seien sie wichtig oder nicht, hervorgehen wird. Ist aber das Fenster, das ihm im Traum erschien, eng und konnte er nur mit Mühe aussteigen, so sagt ihm dies, daß es für ihn nötig sein wird, um jene Geschäfte mit Erfolg zu beenden, Anstrengungen zu machen, die im Verhältnis zu der beim Aussteigen empfundenen Mühe stehen werden.

Die bittere Orange zeigt an, daß von dem Ort, an dem sie gesehen wurde, Verleumdung kommen wird.

Bäume — adedjar — bedeuten Streitgespräche — unchatjer.

Die gelbe Rübe — asefnaria — ist ein Unglücksbote — asef — und Anzeichen trauriger Dinge.

Die Steckrübe — cufte — zeigt dem, der sie gesehen hat, ein erledigtes Geschäft — ameur fate — an, auf das er unmöglich zurückkommen kann. Das Geschäft ist ernst, wenn er sie dick, ohne Wichtigkeit, wenn er sie klein gesehen hat, mit einem Wort, es steht im Verhältnis zur Dicke der Rübe, die gesehen wurde.

Die Erscheinung einer Muskete, ohne daß sie feuert, zeigt eine im geheimen angezettelte Verschwörung ohne Bedeutung an. Gibt sie aber Feuer, so deutet das darauf hin, daß der Augenblick gekommen ist, in dem die Verschwörung zum Ausbruch kommen muß.

Das Sehen von Feuer ist ein schlechtes Vorzeichen.

Der Krug — brik — dessen, der sich zu Gott bekehrt, ist, wenn er bricht, eine Probe, für die Vergeblichkeit seiner Reue, bricht aber das Glas, aus dem er Wein trinkt, so ist dies ein Zeichen seiner Rückkehr zu Gott.

Hast du von üppigen Festlichkeiten und Gastmahlen geträumt, so sei sicher, daß das Gegenteil davon eintreten wird.

Hast du einen gesehen, der sich von Leuten verabschiedet, die sich entfernen, so kannst du sicher sein, daß es diese sein werden, die ihm bald eine glückliche Reise wünschen werden, denn der Dichter hat gesagt:

Hast du deinen Freund sich verabschieden gesehen,
so freue dich;
Dein Geist sei ruhig über den, der fern ist,
Denn du darfst seine nahe Rückkehr erwarten,
Und das Herz dessen, der dir Lebewohl gesagt hat,
kommt zu dir zurück.

Der Koriander — keusbeur — bedeutet, daß eine Frauenkrankheit — keuss — geheilt ist.

Man erzählt hierüber, daß der Sultan Haroun el Raschid, als er mehrere bedeutende Vertraute bei sich hatte, sich erhob und sie allein ließ, um sich zu einer seiner Frauen zu begeben, mit der er sich der Liebe erfreuen wollte. Er fand sie betrübt über eine Krankheit und kam alsbald zu seinen Genossen zurück, mit denen er sich zusammen niedersetzte, sich in diese Widerwärtigkeit ergebend.

Nun begab es sich, daß einen Augenblick nachher diese Frau in den Zustand der Gesundheit zurückkehrte. Als sie hierüber Gewißheit erhalten hatte, schickte sie alsbald durch eine ihrer Negerinnen dem Sultan eine Platte Koriander.

Es traf sich, daß Haroun el Raschid noch inmitten seiner Vertrauten weilte, als die Negerin ihm die Platte darbot. Er nahm sie und prüfte sie, wobei er sich die Absicht der Frau, die sie ihm schickte, nicht erklären konnte. Endlich gab er sie einem seiner Dichter, der sie, nachdem er sie aus den Händen des Kalifen empfangen hatte, aufmerksam betrachtete und dann folgende Verse sprach:

Sie hat dir Koriander — keusbeur — geschickt,
Weiß wie der Zucker.
Ich nahm ihn in meine hohle Hand,
Und all mein Nachdenken konzentrierte sich darauf,
Ich habe die Anspielung erfaßt, mein Herr, denn sie
wollte sagen: meine Krankheit ist geheilt — keussi
beuri.

El Raschid war entzückt über den Geist, von dem die
Frau Zeugnis abgelegt hatte, und von dem Scharfsinn
des Dichters. So blieb, was Geheimnis bleiben sollte,
verborgen, und was bekannt werden sollte, wurde bekannt.

Das aus der Scheide gezogene Schwert ist das Zeichen des Krieges, und der Sieg muß dem zufallen, der
den Griff in der Hand hat.

Der Zügel zeigt Unterjochung und Unterdrückung
an.

Ein Bart, falls er lang ist, ist ein Anzeichen von Glück
und Gedeihen, doch behauptet man, daß er Tod bedeutet, falls er bis zur Erde reicht.

Andere behaupten, daß die Intelligenz eines Menschen im umgekehrten Verhältnis zur Länge seines Bartes stehe. Das heißt, wenn jener wachse, nehme die Intelligenz ab. Man erzählt hierüber, daß ein Mann mit einem langen Bart eines Tages auf dem Rücken eines Buches folgenden Satz geschrieben sah: »Derjenige, dessen Kinn mit einem starken Bart geschmückt ist, ist um so
närrischer, je länger sein Bart ist.« In der Befürchtung,
von seinen Zeitgenossen für einen Narren gehalten zu
werden, dachte er, sich seines allzulangen Bartes zu entledigen. Zu diesem Zweck nahm er, da es Nacht war,
nahe beim Kinn eine Handvoll seines Bartes in die
Hand und legte an den Rest des Bartes das Feuer seiner
Lampe. Die Flamme verzehrte rasch dies Ende des Bar-

tes und drang bis zur Hand vor, die er schnell zurückziehen mußte, sobald er die Hitze spürte. So ging sein ganzer Bart in Flammen auf. Nun schrieb er auf den Rücken des Buches neben den Satz, der schon dort stand: »Diese Worte sind durchaus richtig. Ich, der ich dies in diesem Augenblick schreibe, habe sie erprobt.«

Man erzählt, daß Haroun el Raschid, der sich in einem Gartenhaus aufhielt, einen Mann mit einem langen Bart bemerkte. Er befahl, ihn zu ihm zu führen, und sprach zu ihm: »Wie heißt du?«

»Abou Arouba«, antwortete der Mann.

»Welches ist dein Beruf?«

»Ich bin Meister in Streitsachen.«

Haroun legte ihm nun folgenden Fall zur Entscheidung vor:

»Ein Mann kauft einen Bock, der beim Auswerfen seines Kotes den Käufer traf und ihn am Auge verletzte. Wer hat den Schadenersatz zu leisten?«

»Der Verkäufer«, erwiderte prompt Abou Arouba.

»Und warum?« entgegnete der Kalif.

»Weil er den Bock verkaufte, ohne mitzuteilen, daß er ein Katapult im After hatte«, antwortete unser Mann. Bei diesen Worten begann der Kalif unmäßig zu lachen und sagte folgende Verse:

Ist der Bart des Jünglings so stark gewachsen,
Daß er seinen Nabel erreicht,
So steht die Abnahme seiner Intelligenz
In gleichem Verhältnis zur Länge seines Bartes.

Es ist eine von vielen Schriftstellern behauptete Tatsache, daß unter den Eigennamen manche Glück, andere Unglück bringen, je nach dem darin enthaltenen Sinn.

Die Namen Ahmed, Mohammed, Hamdouna, Hamdoua zeigen, wenn man ihnen in Träumen begegnet, den glücklichen Ausgang eines Geschäftes an. Ali, Alia bedeuten hohen Rang oder Rangerhöhung. Naserouna, Naseur, Mansour, Naseur Allah zeigen den Triumph über die Feinde an. Salem, Salema, Selim, Selimane bedeuten Erfolg in jeder Art von Geschäften, wie auch die Sicherheit für den, der in Gefahr ist. Fetah, Allah, Fetah zeigen den Sieg an, ebenso wie die anderen Namen, deren Bedeutung sich auf glückliche Dinge bezieht. Was die Namen Râd, Râda betrifft, so bedeuten sie Donner, Lärm und schließen alles ein, was sich auf diese Bedeutung bezieht. Abou el Feurdj und Fereurdj zeigen Freude an, Ranem und Reaime den Erfolg, Khalf Allah und Khaleuf den Ersatz eines Verlustes und Segen. Der Sinn von Abder Rani, von Hafid und von Mahfond ist günstig. Die Namen, in denen die Worte Latif — wohlwollend —, Mourits — hilfreich —, Hanine — mitleidig —, Aziz — zärtlich geliebt — vorkommen, ziehen nach der Bedeutung dieser Worte Wohlwollen — lateuf —, Nächstenliebe — iratsa —, Mitleid — hanana —, Gunst — aiz — nach sich. Als Beispiele von Worten, die ungünstige Anzeichen liefern, will ich el Ouâra anführen, die auf Schwierigkeit hinweisen. Als Beleg für die Genauigkeit vorstehender Angaben dient ein Wort des Propheten — Gottes Segen und Barmherzigkeit sei auf ihm: »Vergleiche die Namen, die in den Träumen eine Rolle spielten, mit ihrer Bedeutung, um hieraus ein Zeichen zu erhalten.«

Ich gebe zu, daß dies eigentlich nicht der rechte Ort war, diesen Gegenstand zu erörtern, aber ein Wort führte zum andern. Ich komme also wieder auf mein Thema zurück, die verschiedenen Namen der männlichen Geschlechtsorgane.

Der Name *el air* kommt von *el kir,* Blasebalg eines Schmiedes. Wenn man nämlich in letzterem Wort das *kef* umkehrt, so daß man es von der entgegengesetzten

Seite ansieht, so findet man *el air*. Das Glied wird so genannt mit Rücksicht auf sein abwechselndes An- und Abschwellen. Bläht man es auf, so richtet es sich auf; leert man es, so fällt es schlaff zusammen.

Es heißt *hamama*, die Taube, weil es, nachdem es sich aufgebläht und im Augenblick, da es wieder zur Ruhe zurückkehren will, einer auf ihren Eiern ruhenden Taube gleicht.

El teunnana, der Klingler. Es wurde so genannt, weil es bei der Vereinigung jedesmal, wenn es in den Schoß eintritt und sich daraus zurückzieht, ein Klingen vernehmen läßt.

El heurmak, der Unbezähmbare. Es hat diesen Namen erhalten, weil es emporgerichtet bald den Kopf schüttelt, indem es den Eingang des Schoßes sucht, bis es ihn gefunden hat, und dann mit Ungestüm, mit Frechheit eintritt, ohne um Erlaubnis zu fragen.

El ahlil, der Befreier, so genannt, da es in den Schoß eindringend die dreimal verstoßene Frau zu ihrem ersten Mann zurückkehren läßt.

El zeub kommt von *deub*, was kriechen bedeutet. Dieser Name wurde dem Glied verliehen, weil es, sobald es zwischen die Schenkel der Frau kommt und einen fleischigen Schoß sieht, zwischen die Schenkel und auf den Venusberg kriecht, sich dann dem Eingang des Schoßes nähert und weiterkriecht, bis es davon Besitz ergriffen hat; und endlich, wenn es sich darin behaglich niedergelassen hat, bis zur Mitte des Schoßes vordringt, um dort sich zu ergießen.

El hammache, der Erreger. Es hat seinen Namen erhalten, da es den weiblichen Schoß durch sein häufiges Ein- und Ausgehen erregt.

El nâasse, der Schläfer. Diesen Namen hat das Glied von seinem trügerischen Aussehen. Wenn es in Aufrichtung kommt, so wird es lang und länger und steift sich so stark, daß man glauben konnte, es würde nie wieder weich werden. Dann aber, wenn es aus dem Schoß herausgekommen und seine Leidenschaft gestillt ist, schläft es ein.

Unter den männlichen Gliedern dieser Art gibt es welche, die im Innern des Schoßes einschlafen, doch die meisten kommen noch in steifem Zustand heraus; in diesem Augenblick überwältigt sie der Schlaf, und allmählich schlafen sie ganz ein.

El zoddame, der Einbrecher. Es führt diesen Namen, weil es, wenn es einem Schoß begegnet und dieser ihm nicht die gänzliche Einführung gestatten will, sich mit seinem Kopf einen Weg bahnt, alles zerbrechend und zerreißend wie ein wildes Tier im Augenblick der Brunst.

El khiate, der Schneider. Es trägt diesen Namen aus dem Umstand, daß es in den Schoß erst eintritt, nachdem es an der Tür wie eine Nadel in der Hand des Schneiders gearbeitet hat, sich anklammernd und sich reibend, bis es genügend erhitzt ist, worauf es eintritt.

Mochefi el relil, der die Glut der Leidenschaft Löschende. Dieser Name gilt für das dicke, starke, langsam sich ergießende Glied; ein solches Glied befriedigt auf die vollkommenste Weise die Liebesbegierden der Frau, denn nachdem es sie erregt hat, stillt es sie besser als jedes andere. Nicht minder erfolgreich stillt es die Glut des Mannes. Will es in den Schoß eintreten und findet es den Eingang verschlossen, so jammert es und fleht und macht Beteuerungen, die es mit Schwüren begleitet. »Meine Freundin«, ruft es, »laß mich eintreten, ich werde nicht lange bleiben«; und ist es am Ziel seiner Wünsche angelangt, so bricht es sein Wort, indem es seinen Aufenthalt verlängert und nicht eher sich zurückzieht, als bis es sich ergossen und seine Glut gestillt hat durch Ein- und Ausgehen, Auf und Niedersteigen,

Rechts- und Linksarbeiten. Der Schoß ruft aus: »Wie hast du dein Wort gebrochen, du Lügner! Du hattest gesagt, du würdest nur einen Augenblick verweilen!« »Gewiß«, erwidert es, »ich werde erst gehen, wenn ich deine Gebärmutter erreicht habe; allein ich verpflichte mich, mich dann bald zurückzuziehen.« Bei diesen Worten fühlt sich der Schoß von Mitleid ergriffen und bietet ihm seine Gebärmutter dar, die ihn erdrückt und seinen Kopf küßt, als ob es sie grüßen würde. Das Glied zieht sich zurück, seine Glut ist gestillt.

El khorrate, der Hin- und Herläufer. Dieser Name wurde ihm verliehen, weil es, am Eingang des Schoßes anlangend, als ob es eine dringende Angelegenheit zu erledigen hätte, an die Tür klopft, nach allen Seiten hin- und herläuft, ohne Scham und ohne Zurückhaltung, nach rechts und links, nach vorn und hinten, alles ausforscht, und dann mit einem Mal bis zum Grund des Schoßes vordringt, um sich zu ergießen.

El deukkak, der Schläger, so genannt, weil es leicht anklopft, wenn es an der Pforte des Schoßes ankommt; antwortet dieser und öffnet er ihm die Tür, so tritt es ein; erhält es aber keine Antwort, so klopft es von neuem und hört erst auf, wenn es Antwort erhalten hat. So macht es der Schmarotzer, der sich in das Haus des Reichen einführen will, um an einem Gastmahl teilzunehmen: Er klopft an die Tür. Antwortet man ihm, so tritt er ein, erhält er aber keine Antwort, so klopft er von neuem, ein zweites, ein drittes Mal, bis man ihm endlich Einlaß gewährt. So geht der *deukkak* vor, sobald er an der Tür eines Schloßes anlangt.

Durch das Anklopfen an der Tür hört man das Reiben des Gliedes am Eingang des Schoßes, bis dieser feucht geworden ist. Die Erzeugung dieser Feuchtigkeit ist die Erscheinung, auf die in dem Ausdruck »die Tür öffnen« angespielt wird.

El âouame, der Schwimmer. Sobald es in den Schoß eindringt, setzt es sich darin nicht an einer Stelle fest, sondern wendet sich vielmehr nach rechts und links, nach vorn und hinten, hauptsächlich nach der Mitte zu und schwimmt, wobei es sich heftig bewegt, zwischen dem Samen, den es ausstößt, und der Nässe, welche der Schoß absondert, als ob es in der Befürchtung, vielleicht zu ertrinken, diese Anstrengungen machte.

El dekhal, der Einbrecher, verdient diesen Namen, weil, sobald es an der Pforte des Schoßes ankommt, dieser zu ihm spricht: »Was wünschst du?« »Ich möchte eintreten«, antwortet es. »Unmöglich«, versetzt der Schoß, »ich kann dich nicht hereinlassen wegen deiner Größe.« Es dringt nun in ihn, er möge nur seinen Kopf hereinlassen, und verspricht, nicht ganz einzudringen; so nähert es sich ihm, reibt seinen Kopf zwei- oder dreimal zwischen seinen Lippen, bis sie feucht und schlüpfrig geworden sind; nun führt es zuerst seinen Kopf ein, und dann mit einemmal stürzt es sich blindlings hinein bis zu den Hoden.

El aâouar, der Einäugige, daher stammend, daß das Glied nur ein Auge hat, daß dieses nicht den anderen Augen gleicht und daß es nicht klar damit sieht.

El fortass, der Kahle. Der Name kommt daher, daß sein Kopf von Haaren entblößt ist, was ihm Ähnlichkeit mit einem Kahlkopf verleiht.

Abou aine, der ein Auge hat. Es erhielt diesen Namen, da sein einziges Auge die Eigentümlichkeit aufweist, daß es keine Pupille und auch keine Wimpern besitzt.

El âtsar, der Stolperer. Es wurde so genannt, weil es bei dem Wunsch, in den Schoß vorzudringen, die Pforte nicht sieht und unten und oben klopft und stolpert, als ob es auf seinem Weg auf einen Stein träfe, bis es ihm gelingt einzutreten, nachdem die Zugänge zum Schoß schlüpfrig geworden sind. Dieser spricht dann zu ihm: »Was ist dir begegnet, daß du so stolperst?«

»Mein Lieb«, antwortet das Glied, »ein Stein hat sich auf meinem Weg gefunden.«

El dommar, der Kappenträger. Dieser Name steht ihm zu, da sein Kopf verschieden ist von allen anderen Köpfen.

Abou rokba, der einen Hals hat. Es ist der, dessen Hals kurz ist, der an der Gurgel entwickelt und nach hinten breit ist und dessen Haare, die sich vom Nabel bis zum Schamhügel erstrecken, hart und borstig sind.

Abou guetaia, der einen Haarwald hat. Der Name stammt von seinem Haarreichtum.

El besiss, der Freche. Es erhielt den Namen, da es vom Augenblick an, wo es sich versteift und verlängert, sich um nichts mehr kümmert, ohne Scham das Gewand seines Herrn lüftet, sein stolzes Haupt erhebt, so daß dieser ganz verlegen wird, ohne selbst dessen Verlegenheit zu fühlen. In gleicher Weise benimmt es sich ohne Scham der Frau gegenüber, deren Kleidung es zurückschlägt, um ihre Schenkel zu entblößen. Sein Herr mag über dieses Benehmen Scham empfinden, bei ihm aber erhöht sich nur seine Steifheit und sein stürmisches Verlangen, sich auf den Schoß zu stürzen.

El mostahi, der Schamhafte. Ein solches Glied, das bei manchen Männern vorkommt, empfindet Scham und wird scheu, wenn es sich einem Schoß gegenüber befindet, den es nicht kennt; nur für einen Augenblick verlängert es sich und wird steif. Manchmal sogar ist seine Verwirrung so heftig, daß es unfähig zur Vereinigung bleibt, was besonders in Gegenwart eines Fremden vorkommt; in diesem Fall wird es zu jeder Bewegung unfähig.

El bekkai, der Weinende, so genannt mit Rücksicht auf die vielen Tränen, die es vergießt. Sobald es in Aufrichtung kommt, weint es; sieht es ein hübsches Gesicht, so weint es; fühlt eine Frau es an, so weint es; ja es vergießt sogar Tränen der Erinnerung.

El hezzaz, der Umtreiber. Es wird so genannt, weil es gleich nach seinem Eintritt in den Schoß sich heftig hin und her bewegt, bis es seine Glut durch den Genuß gestillt hat.

El lezzaz, der sich Einverleibende, leitet seinen Namen davon ab, daß es, sobald es in den Schoß eintritt, sich bewegt und die beiderseitigen Haare aneinanderdrückt, sich sogar bemüht, die Haare eindringen zu lassen.

Abou lâaba, der Spucker, bekam diesen Namen, da bei der Annäherung oder beim Anblick eines Schoßes oder bei der bloßen Erinnerung daran oder auch, wenn sein Herr den Körper einer Frau berührt, mit ihr spielt oder sie küßt, sein Speichel fließt und sein Auge tränt; dieser Speichel ist besonders reichlich, wenn es sich lange Zeit nicht mehr der Liebe gewidmet hat, und es befeuchtet sogar das Gewand. Ein solches Glied ist sehr alltäglich, und es gibt wenig Männer, die es nicht besitzen.

Die austretende Flüssigkeit ist bei den Rechtsgelehrten unter dem Namen *medi* bekannt. Sie ist daran kenntlich, daß sie durch Scherze und üppige Erinnerungen erzeugt wird. Bei manchen Personen ist sie so reichlich, daß sie den Schoß anfüllt, so daß der Mann mit Unrecht glaubt, sie komme von der Frau.

El fattache, der Sucher. Der Name gründet sich darauf, weil das Glied, im Schoß angelangt, sich anschickt, sich nach rechts und nach links zu wenden, als ob es einen verlorenen Gegenstand suche, und dieser Gegenstand ist die Gebärmutter. Es rastet und ruht nicht, bis es sie gefunden hat.

El hakkak, der Reiber. Der Name wurde ihm erteilt, weil es in den Schoß erst dann eintritt, wenn es seinen Kopf an der Pforte des Schoßes und auf dem Unterleib mehrere Male gerieben hat. Man verwechselt es oft mit dem folgenden.

El mourekhi, der Schlaffe. Es ist das Glied, das nie eindringen kann, da es zu weich ist, und das sich also begnügt, sich am Eingang des Schoßes zu reiben, bis es sich ergossen hat. Es verschafft der Frau keine Lust, denn es entflammt nur ihre Glut, ohne daß es ihm gelingt, sie zu stillen, und es macht daher die Frau verdrossen und störrisch.

El motelâ, der Durchwühler. Es wurde so genannt, weil es in ungewöhnliche Gegenden vordringt, weil es Kenntnis nimmt vom Zustand des Schoßes und dessen gute und schlechte Eigenschaften zu unterscheiden weiß.

El mokcheuf, der Entdecker. Diesen Beinamen erhielt es, weil es, sich steifend und den Kopf erhebend, die Gewänder, die es verbergen, aufhebt und so seinen Herrn verrät, indem es seine Blößen aufdeckt, und weil es sich auch nicht scheut, den Schoß, den es nicht kennt, zu entblößen und ohne Scham die sie verhüllende Kleidung aufzuheben. Keinem Gefühl der Scham, das es erweichen könnte, ist es zugänglich; nie verliert es die Fassung und nichts respektiert es. Keine die Vereinigung berührende Frage ist ihm fremd: es besitzt eine tiefe Kenntnis vom Zustand der Feuchtigkeit, der Frische, der Trockenheit, der Enge oder der Wärme des Schoßes, dessen Inneres es sorgfältig auskundschaftet. Der weibliche Schoß ist nämlich manchmal äußerlich ganz vollkommen, fleischig und von schönem Aussehen, während sein Inneres viel zu wünschen übrigläßt und wegen des Mangels an Wärme, wegen der zu großen Feuchtigkeit und ähnlicher Mißstände keine Lust verschafft. Und da der *mokcheuf* sich vornimmt, alles, was für die Vereinigung von Interesse sein kann, zu entdecken, wurde es so genannt.

Dies sind die hauptsächlichen Namen, die dem männlichen Glied nach den Eigenschaften, die es unterscheiden, verliehen wurden. Diejenigen, denen sie nicht genügen, mögen nach anderen suchen; doch ich glaubte mich damit begnügen zu sollen, da mir das Namensverzeichnis lang genug erschien, um meine Leser zu befriedigen.

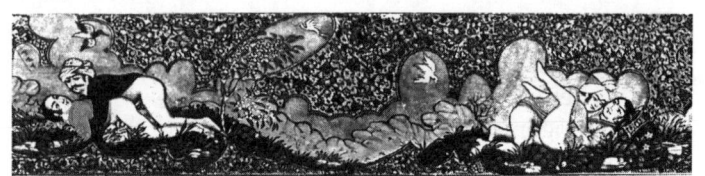

Neuntes Kapitel

Die verschiedenen Namen für den Schoß der Frau

El feurdj, die Spalte.
El keuss, der Schoß.
El kelmoune, die Wollüstige.
El ass, due Ursprüngliche.
El zerzour, der Star.
El cheukk, die Ritze.
Abou tertour, die mit einem Kamm versehen ist.
Abou khochime, die eine kleine Nase hat.
El gueunfond, der Igel.
El sakouti, die Schweigsame.
El deukkak, die Zerreiberin.
El tseguil, die Zudringliche.
El taleb, die Begehrende.
El hacene, die Schöne.
El neuffakh, die Aufbläherin.
Abou djebaha, die mit einer Stirn versehen ist.
El ouasa, die Geräumige.

El âride, die Breite.
Abou belâoum, die Gefräßige.
El mokâour, die Grundlose.
Abou cheufrine, die mit zwei Lippen versehen ist.
Abou âungra, die mit einem Buckel versehen ist.
El rorbal, das Sieb.
El hezzaz, die sich Hin- und Herrührende.
El lezzaz, die Vereinigerin.
El moudd, die Fügsame.
El mouâine, die Hilfreiche.
El meusboul, die Langgedehnte.
El molki, died Duellantin.
El harrab, die Flüchtige.
El sabeur, die Ergebene.
El mosenffah, die Versperrte.
El mezour, die Tiefe.
El addad, die Beißerin.
El meussass, die Saugerin.
El zeunbour, die Wespe.
El harr, die Hitzige.
El ladid, die Köstliche.

Was den Schoß, genannt *el feurdj*, die Spalte, betrifft, so hat er diesen Namen erhalten, da er sich öffnet und schließt, sobald er ein heftiges Verlangen nach Vereinigung verspürt, gleich dem der hitzigen Stute bei der Annäherung des Hengstes. Das Wort bezieht sich übrigens ohne Unterschied auf die Geschlechtsteile des Mannes und der Frau, denn der hohe Gott hat sich dieses Ausdruckes im Koran, Kapitel XXXIII, Vers 35, bedient: »*El hafidine feuroudjahoum au el hafidate.*« *Feurdj* bedeutet in seinem eigentlichen Sinn Spalte, Öffnung, Durchgang, Weg, denn man sagt: »Ich habe im Gebirge ein *feurdj* gefunden«, das heißt einen Weg, einen Durchgang; es gibt dann ein *soukoune* auf dem *ra*, und ein *fat-*

cha auf dem *djine,* und in dieser Bedeutung bezeichnet es auch die Geschlechtsteile der Frau. Ist aber der *ra* mit einem *fatcha* bezeichnet, so bedeutet es die Errettung der Unglücklichen.

Wer im Traum die Blöße einer Frau — feurdj — gesehen hat, weiß, daß, falls er Kummer hat, Gott ihn daraus befreien wird, ist er in Verlegenheit, so wird er ihr alsbald entrinnen; ist er gar in Armut, so wird er reich werden, da die Bedeutung von feurdj mit einer Umstellung der Vokale Entfernung des Übels ist. Ebenso wird er eine Sache erhalten, wenn er sie verlangt; hat er Schulden, wird er sie loswerden.

Gehört die Blöße, die man gesehen hat, aber einer Jungfrau, so soll dies bedeuten, daß man die gewünschte Sache nicht erlangen wird. Es ist eine erwiesene Tatsache, daß der in Verlegenheit und Kümmernis geraten und keineswegs in seinen Geschäften Glück haben wird, der im Traum die unberührte Blöße einer Jungfrau sah. Ist der Schoß aber offen, so daß er den Grund sieht, oder falls dieser verborgen liegt, daß wenigstens der Eingang frei ist, so wird er mit Erfolg die schwierigsten Geschäfte abwickeln, nachdem sie ihm zuerst mißglückt waren, dabei wird ihm die Erledigung in kürzester Zeit durch die Vermittlung einer Person gelingen, an die er nie gedacht hätte.

Hat einer im Traum ein Liebespaar gesehen, so wird er glücklich ein schwieriges Geschäft beenden, und zwar durch Vermittlung des Mannes, den er bemerkt hat. War er selbst es, der das junge Mädchen liebte, und hat er dessen Blöße gesehen, so wird er selbst die schwierigen Geschäfte zu gutem Ende führen. Im allgemeinen ist es ein gutes Vorzeichen, wenn man im Traum eine nackte Frau sieht, ebenso wenn man von der Vereinigung träumt. Und wer sich im Traum bei einer Vereinigung gesehen hat, bei der es zur Ergießung kam, dem werden alle möglichen Geschäfte gelingen. Sieht aber der Mann, der die Vereinigung bis zum Ende vollzieht, die Erfüllung seiner Wünsche, so ist der, der die Vereinigung nur beginnt, sie aber nicht zu Ende führt, nicht in der gleichen glücklichen Lage. Er wird im Gegenteil in jeglichem Unternehmen keinen Erfolg haben.

Man behauptet, daß der, der sich im Traum sieht, wie er sich mit einer Frau vereinigt, alles, was er wünscht, danach von ihr erlangen wird.

Der Mann, der sich im Traum mit Frauen abgeben sieht, mit denen ihm geschlechtliche Beziehungen durch Religion untersagt sind, so mit seiner Mutter, seiner Schwester usw. — *maharine* —, wird diesen Umstand als Vorbedeutung ansehen müssen, daß er sich an geweihte Stätten — moharrema — begeben wird, ja, daß er vielleicht zum geheiligten Haus Gottes gehen und dort das Grab des Propheten sehen wird.

Die Erscheinung einer Hose — seroual — ist die Vorbedeutung der Ernennung zu einem Amt. Man erzählt, daß ein Mann, der geträumt hatte, der Emir habe ihm eine Hose geschenkt, Kadi wurde. Das Traumgesicht einer Hose ist auch ein Zeichen des Schutzes für die Geschlechtsorgane und hat die Vorbedeutung des geschäftlichen Erfolgs.

Die Mandel — *louze* —, ein Wort, das aus denselben Buchstaben wie *zal,* aufhören, zusammengesetzt ist, gibt im Traum dem, der in übler Lage ist, kund, daß er hieraus befreit sein wird, dem, der krank ist, daß er geheilt werden wird, kurzum, daß er alles Schlimme loswerden wird. Jemand, der geträumt hatte, er habe Mandeln gegessen, erbat von einem Gelehrten eine Erklärung; es wurde ihm geantwortet, daß mit Rücksicht auf die Ähnlichkeit der Buchstaben, die zwischen *louze* und *zal* bestehe, die Übel, die ihn quälten, aufhören würden. Der Gang der Ereignisse rechtfertigte die Erklärung.

Die Mandel verspricht, daß man aus Schwierigkeiten befreit und von Krankheiten geheilt werden wird.

Der Mahlzahn — deurss — den man im Traum erblickt, ist ein Anzeichen der Feindschaft. Wer also seinen Zahn hat ausfallen sehen, kann sicher sein, daß sein Feind tot ist. Es kommt dies daher, daß deurss, mahlen, gleichbedeutend ist mit deurss, Feind, und daß man zugleich sagen kann: Ein solcher ist mein Zahn und mein Feind.

Das Fenster — taga — und der Schuh — medassa — erinnern an die Frau. Die weibliche Scham gleicht in der Tat entweder einem Fenster, durch das der Mann seinen Kopf zum Sehen hereinsteckt, oder einem Schuh, den man anzieht. Folglich kann der, der sich im Traum durch ein Fenster einsteigen oder einen Schuh anziehen sah, die Gewißheit haben, daß er eine junge Frau oder eine Jungfrau besitzen wird, wenn der Bau neu oder wenn der Schuh neu und in gutem Zustand ist, daß aber die Frau alt sein wird, falls der Bau alt oder der Schuh alt oder abgetragen ist. Mit einem Wort: das Alter der Frau steht im Verhältnis zum Grad der Verfallenheit des Baues oder des Schuhwerkes. Der Verlust des Schuhes ist für den Mann eine Vorbedeutung des Verlustes seiner Frau.

Das Traumgesicht einer gefalteten Sache, die sich öffnet, kündigt ein ausgeplaudertes Geheimnis an. Bleibt der Gegenstand zusammengefaltet, so zeigt die Erscheinung im Gegenteil an, daß das Geheimnis verborgen bleiben wird.

Siehst du dich im Traum einen Brief lesen, so erkennst du daraus, daß du Kenntnisse erwerben wirst, die gut sein werden, falls das Gelesene etwas Günstiges war, und schlecht im entgegengesetzten Fall.

Der Mann, dessen Traum einige Stellen des Korans oder der Überlieferungen — Hadits — zum Gegenstand hatte, wird den darin behandelten Dingen die Bedeutung entnehmen können. So wird zum Beispiel der Satz: »Er wird euch Gottes Beistand und den unmittelbaren Sieg verleihen«, ein Anzeichen für Sieg oder Triumph sein. »Wahrlich, Gott hält die Entscheidung in seinen Händen«, und: »Der Himmel wird sich öffnen und seine zahlreichen Tore zeigen«, und ähnliche Stellen bedeuten Erfolg.

Aus dem Traum von einer Stelle, die auf Züchtigungen Bezug hat, darf man die Vorbedeutung einer Bestrafung entnehmen. Dies gilt zum Beispiel für die Stelle des Korans, wo es heißt: »Wer die Sünden verzeiht, ist schrecklich in den Züchtigungen.«

Ebenso ergibt sich die Deutung von Träumen über Poesie und Gesang aus den jeweiligen Textinhalten.

Wer von Pferden, Maultieren oder Eseln träumt, kann auf Gutes hoffen, denn der Prophet — Gottes Heil und Barmherzigkeit sei mit ihm! — hat gesagt: »Das Glück der Menschen heftet sich an den Schopf ihrer Pferde bis zum Tag der Auferstehung«, und im Koran heißt es: »Der hohe Gott hat es so gewollt, daß sie euch zum Reiten und Gepränge dienen.«

Diese Vorbedeutung ist durchaus zutreffend und kann nicht in Zweifel gezogen werden.

Wer sich im Traum auf einem Esel reiten sah, wobei er als Eilbote diente und sein Ziel erreichte, wird in allen Dingen Glück haben; fällt er aber unterwegs vom Esel, so bedeutet dies, daß er Unfällen und Unbilden ausgesetzt sein wird.

Fällt der Turban vom Haupt, so ist dies ein Zeichen der Schmach, da der Turban die Krone der Araber ist.

Siehst du dich in deinem Traum mit nackten Füßen, so ist dies ein Anzeichen von Verlust, ebenso wenn du dich mit entblößtem Haupt siehst. Mittels Umstellung der Buchstaben kann man aber auch zu anderen Deutungen gelangen.

Diese Erörterungen sind eigentlich hier nicht am Platz, allein ich glaube, sie hier behandeln zu sollen, um jede Lücke zu vermeiden, sowie auch mit Rücksicht auf den daraus zu ziehenden Nutzen. Wer eingehender darüber unterrichtet sein möchte, braucht nur die Abhandlung von Ben Sirine nachzulesen. Ich komme nun auf die Namen der Geschlechtsteile der Frau zurück.

El keuss, der Schoß. Dieser Name soll vor allem den Schoß einer jungen Frau bezeichnen. Dieser Schoß ist sehr fleischig und rund in seiner ganzen Ausdehnung; er hat lange Lippen, eine große Spalte, auseinandergespreizte und runde symmetrische Ränder; er ist weich, verführerisch, vollkommen in jeder Beziehung. Das ist ohne Zweifel der angenehmste und beste von allen. Gott beschere uns den Besitz eines solchen Schoßes! Amen! Er ist warm, eng, trocken, so daß man erwarten könnte, das Feuer springe daraus hervor. Seine Form ist anmutig, der Geruch lieblich; aus der weißen Umrahmung springt die karminrote Mitte hervor. Er weist keine Unvollkommenheit auf.

El kelmoune, die Wollüstige. Der Name wurde dem Schoß des jungen Mädchens verliehen.

El ass, die Ursprüngliche. Der Name gilt für jeden Schoß, wie er auch beschaffen ist.

El zerzour, der Star. Es ist der Schoß des sehr jungen Mädchens oder auch, wie man behauptet, jener der brünetten Frau.

El cheukk, die Ritze. Es ist der Schoß der mageren Frau. Er gleicht einer Mauerritze, und man sieht an ihm gar kein Fleisch. Gott bewahre uns davor!

Abou tertour, die mit einem Kamm versehen ist. Es ist der Name, den der mit einem roten Kamm, der einem Hahnenkamm gleicht, versehene Schoß trägt; er tritt hauptsächlich im Augenblick der tatsächlichen Wollust hervor.

Abou khochime, die Stumpfnase. Es ist der Schoß mit dünnen Lippen und kleiner Zunge.

El gueunfond, der Igel. Es ist der Schoß der alten gebrechlichen Frau, dessen Haut infolge des hohen Alters widerlich und dessen Haare rauh geworden sind.

El sakouti, die Schweigsame. Dieser Name wurde dem lautlosen Schoß verliehen. Dringt das männliche Glied auch hundertmal am Tag darin ein, er spricht gar nichts und begnügt sich, zuzusehen und völliges Schweigen zu beobachten.

El deukkak, die Zerreiberin. Der Schoß wird so genannt wegen seiner Bewegung des Reibens auf dem Glied. Bald nach der Einführung hat er die Gewohnheit, nach links und nach rechts zu reiben, die Wollust begehrend und suchend, das Glied mit der Gebärmutter in Berührung zu bringen, um, wenn es möglich wäre, auch die beiden Hoden in sich aufzunehmen.

El tseguil, die Zudringliche. Es ist der Schoß, der sich unersättlich zeigt gegenüber dem sich nahenden Glied. Und verbrächte dieses hundert volle Nächte darin und dränge es hundertmal in einer Nacht darin ein, er würde nicht müde und könnte nicht genug bekommen, nein, er würde im Gegenteil noch mehr begehren. Wäre es möglich, so ließe er das Glied überhaupt nicht mehr heraus. Hier sind die Rollen vertauscht: das Glied ist der Verfolgte, und er ist der Verfolger. Das ist übrigens eine Seltenheit, und man begegnet ihm nur bei sehr leidenschaftlichen Frauen, die ganz Feuer und Flamme sind.

El taleb, die Begehrende. Diesen Schoß trifft man nur bei einzelnen Frauen an; bei den einen ist er eine angeborene Eigenschaft, bei den anderen ist er das Ergebnis einer langen Enthaltsamkeit. Was ihn auszeichnet, ist seine Begierde nach dem männlichen Glied; und hat er es gefunden, gibt er es nicht eher frei, als bis die Glut der Leidenschaft völlig gestillt ist.

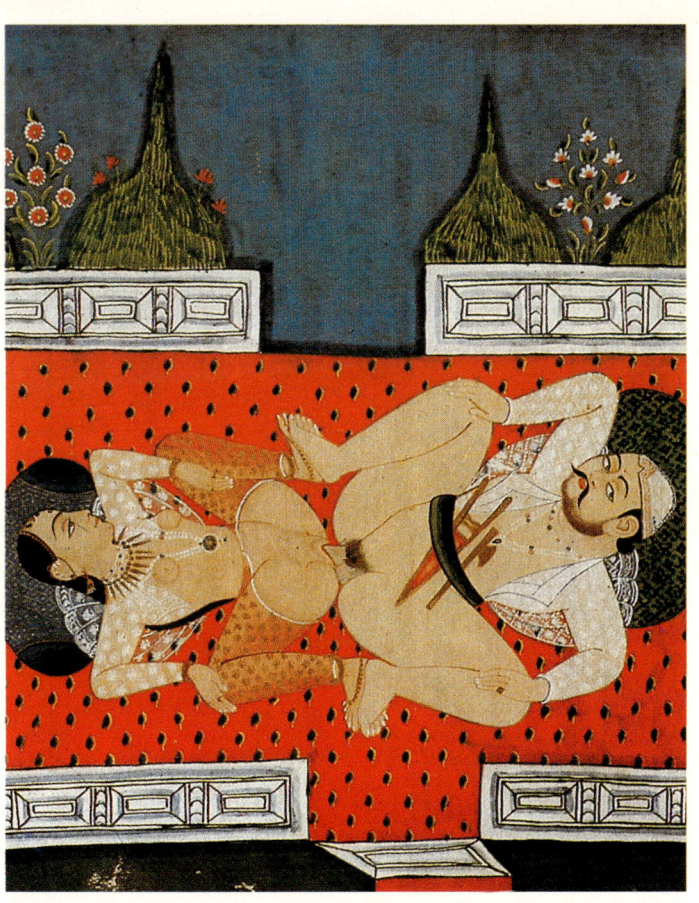

El hacene, die Schöne. Sie ist weiß, fleischig und wie eine Kuppel gewölbt. An ihr ist nichts Häßliches, nichts Schlaffes zu finden. Das Auge kann sich nicht satt sehen an ihr, und eine nur schwache Aufrichtung wird stark bei ihrem Anblick.

El neuffakh, die Aufbläherin. Sie wurde so genannt, weil das in Ruhe befindliche, sich ihr nahende Glied an ihrem Eingang mehrere Male den Kopf reibt, sich dann aufbläht und aufrichtet. Sie bereitet ihrer Besitzerin ein überschwengliches Glück, denn im Augenblick der Wollust öffnet und schließt sie sich gleich dem Schoß einer hitzigen Stute.

Abou djebaha, die mit eine Stirn versehen ist. Manche Frauen haben einen Schoß, der sehr breit ist, mit einem hervorragenden Schamhügel, der eine Art entwickelte, fleischige, breite Stirn bildet.

El ouasa, die Geräumige. Sie ist weit auf dem Schamhügel, und man sagt von der Frau, die sie besitzt, sie habe einen weiten Schoß. Man bezeichnet sie so, da sie vor der Annäherung des männlichen Gliedes geschlossen und undurchdringlich erscheint, so daß man meinen könnte, selbst ein Meroud könne nicht eingeführt werden. Ist aber ein männliches Glied in der Nähe und reibt seine Eichel gegen die Mitte zu, so erweitert sie sich beträchtlich.

El âride, die Breite. Sie ist ebenso breit wie lang, das heißt in jeder Weise entwickelt, sowohl nach beiden Seiten hin als auch vom Schambein zum Damm. Sie ist am schönsten zum Ansehen, wie es der Dichter ausgedrückt hat:

Sie hat die blendende Weiße einer Stirn.
Dem Mond gleicht sie durch ihren Umfang,
Der Sonne vergleichbar durch das glühende Feuer,
    das sie entzündet.

Die Haut des Gliedes, das sich nähert, zu
    verbrennen scheint sie,
Und dies selbst kann eindringen, nur mit Speichel
    befeuchtet.
Und einen berauschenden Duft verbreitet sie.

Man sagt auch, dieser Name beziehe sich auf die Geschlechtsteile der wohlbeleibten, fetten Frau. Sobald diese ihre Schenkel übereinanderkreuzt, so springt sie zwischen ihnen wie ein Kalbskopf hervor; entblößt sie sie, so gleicht sie einem *saâ*, Getreide, das zwischen ihre Schenkel gelegt ist; beim Gehen zeichnet sie sich unter ihrer Kleidung bei jedem ihrer Schritte mit wellenförmigen Bewegungen ab. Möchte doch Gott in Seiner Güte und Großmütigkeit uns nicht eines solchen Schoßes berauben! Von allen ist er der angenehmste, der gefeiertste, der begehrteste.

Abou belâoum, die Gefräßige. Sie hat einen weiten Schlund. Hat sie die Vereinigung einige Zeit entbehrt und nähert sich ein männliches Glied ihrem Mund, so verschlingt sie es in demselben Augenblick und läßt nicht die geringste Spur übrig, gleich wie ein ausgehungerter Mensch sich mit Gier auf die ihm gebotene Nahrung stürzt und sie, ohne zu kauen, verschlingen würde, wenn er könnte.

El mokâour, die Grundlose. Sie zieht sich unendlich in die Länge, so daß die Gebärmutter sich erst in großer Tiefe befindet. Sie hat ein Glied von größten Dimensionen zur notwendigen Voraussetzung; einem anderen würde es nicht gelingen, die Wollust hervorzurufen.

Abou cheufrine, die mit zwei Lippen versehen ist. Der Name bezieht sich auf den sehr entwickelten Schoß einer außerordentlich beleibten Frau. Er gilt auch für den Schoß, dessen Lippen, durch Schwäche und Austrocknung schlaff geworden, lang und hängend sind.

Abou âungra, die Höckrige. Ein solcher Schoß hat über sich einen stark hervorragenden, harten Venusberg, der wie der Höcker auf dem Rücken des Kamels absteht und sich wie ein Kalbskopf zwischen den Schenkeln erstreckt. Gott lasse uns einen solchen Schoß genießen! Amen!

El rorbal, das Sieb. Sobald ein solcher Schoß ein Glied aufnimmt, schickt er sich an, zu sieben, nach unten, nach links und rechts, nach vorn und hinten, bis die Wollust sich einstellt.

El hezzaz, die Ruhelose. Sobald diese das Glied in sich aufgenommen hat, rührt sie sich heftig ohne Unterbrechung, bis das Glied die Gebärmutter erreicht hat; sie gibt dann keine Ruhe, bis sich die Wollust einstellt und die Vereinigung zu Ende geführt ist.

El lezzaz, die Vereinigerin. Man nennt sie so, wenn sie, sobald sie das Glied in sich aufgenommen hat, sich fest anschmiegt und eine möglichst innige Verbindung damit erstrebt, so daß sie, wenn es gelänge, die beiden Hoden eintreten ließe.

El moudd, die Fügsame. Der Name bezieht sich auf eine Frau, die seit langer Zeit ein glühendes Verlangen nach Liebe verspürt. In ihrer Freude, ein männliches Glied zu sehen, unterstützt sie willfährig seine Hin- und Herbewegungen; sie bietet ihm ihre Gebärmutter, die es ganz in ihren Bereich zieht; etwas Besseres hat sie ihm nicht zu bieten. Jedesmal, wenn das Glied zu einer Stelle ihres Inneren vordringen will, sucht sie ihm den Zutritt zu erleichtern; sie hilft ihm, jedes Winkelchen zu erreichen.

El mouâine, die Hilfreiche. Der Name wurde ihr beigelegt, weil sie dem männlichen Glied beim Ein- und Ausgang hilft, bei seinem Auf- und Abwärtssteigen, kurzum, bei allen seinen Bewegungen. Hat das Glied bei der Vereinigung irgendein Gelüst, will es sich hin und her rühren, will es vordringen, will es sich zurückziehen, so beeilt sie sich, es ihm zu erleichtern und auf seinen Ruf bereit zu sein. Dank diesem Beistand kommt es leicht zur Ergießung und zu einem vollen Genuß.

El meusboul, die Langgedehnte. Der Name gilt nicht für jeden Schoß, denn es ist allgemein bekannt, daß jeder Schoß in Beschaffenheit und Aussehen verschieden ist. Eine solche erstreckt sich zwischen den Schenkeln vom Schambein bis zum After. Sie zieht sich in die Länge, sobald die Frau liegt oder steht, und verkürzt sich, wenn sie sich setzt, wobei sie sich in diesem Punkt vom gerundeten Schoß unterscheidet. Sie gleicht einer zwischen den Schenkeln ausgebreiteten herrlichen Gurke. Bei manchen Frauen ragt sie unter ihrer leichten Gewandung hervor, und sobald sie sich zurückbiegen, tritt sie zurück.

El molki, die Duellantin. Sie ist es, die sich jedesmal nach der Einführung des männlichen Gliedes hin- und herbewegt und dem Glied entgegenkommt, in der Befürchtung, es möchte sich zurückziehen, ehe die Wollust sich einstellt. Sie empfindet keine Lust ohne den Anstoß des Gliedes gegen die Gebärmutter, und deshalb beeilt sie sich, ihm die Gebärmutter darzubieten, auf daß es sie zusammendrücke und ergieße. Manche sehr sinnlich veranlagte und die Vereinigung ersehnende Öffnung, sei es, daß sie von Natur so veranlagt ist, sei es, daß sie die Vereinigung lange entbehren mußte, wirft sich mit Gier einem sich nähernden Glied entgegen und öffnet dabei den Mund wie ein ausgehungertes Kind, dem die Mutter die Brust darbietet. Eine solche geht auch dem sich nähernden Glied entgegen und weicht zurück, um es der Gebärmutter gegenüberzubringen, als ob sie die Befürchtung hege, es könnte den Weg allein nicht finden.

Schoß und Glied ähneln so zwei geschickten Duellanten; jedesmal, wenn einer der beiden sich auf seinen Gegner stürzt, hält ihm dieser seinen Schild entgegen, um den Stoß aufzufangen und den Angriff abzuschlagen. Das Glied wird hierbei durch den Degen, die Gebärmutter durch den Schild veranschaulicht. Wer zuerst sich ergießt, ist der Besiegte, und wem es gelingt, die Ergießung möglichst lange hinauszuschieben, ist der Sieger, und wahrlich, es ist ein schöner Kampf! So möchte ich bis zum Tod kämpfen, ohne Ruhepause.

Wie der Dichter singt:

Ein feines Trugbild habe ich ihnen gewiesen,
Gleich einer emsigen Spinne spann ich es.
»Und wie lange verharrst du dabei?« fragten sie
   mich.
»Bis zum Tod will ich es tun«, war die Antwort.

El harrab, die Flüchtige. Sie ist ungewöhnlich eng und kurz und wird durch ein sehr dickes und sehr steifes männliches Glied verletzt, wenn es eindringt; sie sucht ihm also zu entfliehen, nach links und rechts. Man sagt auch, es sei so mit dem Schoß der meisten Jungfrauen, die das männliche Glied noch nicht kennen und vor seiner Annäherung sich fürchten; sie bemühen sich, es vor die Tür zu setzen, wenn es sich zwischen ihren Schenkeln einschmeichelt, um in den Schoß vorzudringen.

El sabeur, die Ergebene. Sie ist es, die nach der Aufnahme des Gliedes geduldig alle seine Launen in seinen Hin- und Her, Auf- und Niederbewegungen erträgt. Weiter sagt man, sie sei es, die gezwungenermaßen mit Resignation die stürmischsten und längsten Vereinigung über sich ergehen läßt. Dränge man hundertmal in sie ein, sie würde sich nicht erzürnen und verdrießen; und anstatt zu murren, würde sie im Gegenteil Gott noch Dank sagen. Die gleiche Geduld beweist sie, wenn sie mit mehreren Gliedern zu tun hat, die nacheinander bei ihr vorsprechen.

Diese Art von Schoß findet sich bei manchen Frauen mit leidenschaftlichem Temperament. Wenn sie nur wüßten, wie, so ließen sie den Mann nicht von sich herunter und gestatteten seinem Glied nicht einen einzigen Augenblick, sich zurückzuziehen.

El moseuffah, die Versperrte. Diese Art findet man selten. Der sie auszeichnende Fehler ist manchmal angeboren, manchmal ist er die Folge der Beschneidung der Frau, falls sie ungeschickt ausgeführt wird. Es kommt nämlich vor, daß der Operateur sein Instrument fehlerhaft führt und die beiden Schamlippen oder nur eine von ihnen trifft. In der Vernarbung der Wunde bildet sich eine dicke Geschwulst, die den Zugang versperrt und, um den Schoß dem Glied zugänglich zu machen, eine chirurgische Operation und die Anwendung des Bistouri notwendig macht.

El mezour, die Tiefe. Sie hat stets den Mund offen und ihr Grund ist nicht zu sehen. Nur ein sehr langes Glied kann ihn erreichen.

El addad, die Beißerin. Sie ist es, die, sobald das Glied eingedrungen und ihre Glut entflammt ist, sich auf demselben öffnet und wieder schließt. Besonders wenn die Ergießung bevorsteht, fühlt der Mann sein Glied vom Mund der Gebärmutter gebissen. Und wahrlich, in ihr liegt eine Anziehungskraft, die den Samen des Gliedes begehrt und dieses erfaßt und es in ihre entferntesten Tiefen hinabzieht. Hat Gott in Seiner Allmacht beschlossen, daß die Frau schwanger werde, so sammelt sich der Samen in der Gebärmutter an, wo er allmählich lebendig wird; läßt aber Gott im Gegenteil keine Empfängnis zu, so stößt die Gebärmutter den Samen aus, der sich im Schoß verbreitet.

El meussass, die Saugerin. Sie ist es, die infolge häufiger wollüstiger Liebkosungen oder einer langen Enthaltsamkeit, von Liebesglut erfüllt, sich anschickt, an dem eingedrungenen Glied mit einer Kraft zu saugen, die ihm all seinen Samen entziehen könnte, gleich wie das Kind saugt an der Mutterbrust.

Die Dichter haben es in folgenden Versen beschrieben:

Schürzt sie — die Frau — ihr Gewand auf, so
    entblößt sie
Ein Etwas — den Schoß —, entwickelt und rund,
Einer umgestürzten Schale vergleichbar.
Legst du deine Hand darauf, so glaubst du
Einen wohlgeformten, vorspringenden festen und
    vollen Busen zu ergreifen.
Durchstößt du es mit deiner Lanze, so erhältst du
    von ihr einen grausamen Biß.
Willst du dich zurückziehen, so hält es dich zurück,
    durch ein Saugen gleich dem des Kindes an der
    Mutterbrust.
Bist du zu Ende und willst von neuem beginnen, so
    findest du es
Einem glühenden Ofen vergleichbar, aus dem die
    Flammen schlagen.

Ein anderer Dichter — Gott erhöre all seine Wünsche im Paradies! — hat über denselben Gegenstand folgende Verse gedichtet:

Gleich einem Mann, der auf dem Bauch liegt, füllt
    sie die Hand aus,
Die alle ihre Kraft entfalten muß, sie ganz zu
    bedecken.
Der Raum, den sie einnimmt, springt vor,

Und man glaubt eine noch nicht entfaltete
    Blumenknospe eines Palmbaums zu sehen.
Wahrlich, durch die Zartheit ihrer Haut
Gleicht sie der bartlosen Wange eines Jünglings.
Eng ist ihr Gang,
Schwierig ihr Eingang;
Und führt man sie in Versuchung, so glaubt man
Gegen ein Panzerhemd zu stoßen.
Beim Eindringen des Gliedes läßt sie
Ein Geräusch vernehmen, wie wenn ein neuer Stoff
    zerreißt.
Wenn das Glied sie ausfüllt,
So erhält es einen heftigen Biß von ihr,
Wie ihn die Brust der Amme bekommt
Zwischen den Lippen des Säuglings.
Es glühen ihre Lippen
Gleich dem sich entzündenden Feuer.
Wie süß ist's, dies Feuer!
Wie köstlich ist es für mich!

El zeunbour, die Wespe. Diese Art Schoß ist durch die starken rauhen Haare bekannt. Nähert sich das Glied und will es eindringen, so sticht er mit seinen Haaren, wie eine Wespe zu stechen pflegt.

El harr, die Hitzige. Sie ist es, die das höchste Lob verdient. Die Wärme in ihr ist in der Tat sehr begehrt, und man kann sagen, daß die stärke des Genusses, den sie gewährt, zurückzuführen ist auf die Wärme, die sie entwickelt. Die Dichter haben in folgenden Versen ihr Lob gesungen:

Sie besitzt eine starke Wärme,
Die ihren Sitz hat in einem festen Herzen und einer
    engen Brust.
Ihr Feuer teilt sich dem Eindringenden mit,

Und es kommt der Glut gleich, die des Liebenden
    Herz entzündet.
Enger ist sie als ein Schuh,
Noch enger als der Kreis, der den Augapfel be-
    grenzt.

El ladid, die Köstliche. Sie hat den Ruf, ein unermeßli-
ches Glück zu gewähren, nur dem vergleichbar, das die
wilden Tiere und Raubvögel verspüren, wofür sie erbit-
terte Kämpfe führen. Und haben schon die Tiere eine
solche Empfindung, wie muß sie erst beim Menschen
beschaffen sein! So sind alle Kriege auf die Lust zurückzuführen, die eine solche gewährt und die das höchste
Glück in dieser Welt bedeutet; es ist ein Teilchen der
Wonnen des Paradieses, das Gott hieraus holte, um uns
einen Vorgeschmack jener Wonnen zu geben, die uns
dort erwarten, jener Wonnen, die diese irdischen tau-
sendfach übertreffen und über die man nur den Anblick
des Allmächtigen stellen kann.

Man könnte sicherlich noch andere auf die weiblichen
Geschlechtsorgane anwendbare Namen finden, allein
die Zahl der schon erwähnten mag genügen. Der
Hauptgegenstand dieses Werkes ist der, alle bemer-
kenswerten und anziehenden Dinge zu behandeln, welche die Vereinigung betreffen, auf daß, wer in Bekümmernis ist, einen Trost darin finde, und wer schwer zur
Aufrichtung gelangt, daraus ein Mittel schöpfe, seine
Schwäche zu heilen. Gelehrte Ärzte haben behauptet,
daß die, deren Glied nicht mehr kräftig ist und die impotent geworden sind, sich der Lektüre der die Vereinigung behandelnden Bücher widmen und sorgfältig die
verschiedenen Vereinigungsverfahren studieren müssen, um ihre Manneskraft wiederzuerlangen, und daß
sie weiter die sich vereinigenden Tiere beobachten sol-

len, als sicheres Mittel, zur Aufrichtung zu gelangen. Da es nicht jederzeit und allerorts möglich ist, Tieren bei der Begattung zuzusehen, sind Werke über die Vereinigung von unbedingter Notwendigkeit. Wo man auch hinkommt, hat klein und groß, reich und arm ein beträchtliches Gefallen an solchen Büchern; man vergleicht sie am besten mit dem Stein der Weisen, der gewöhnliche Metalle in glänzendes Gold zu verwandeln vermag.

Man erzählt sich — und Gott dringt in die verborgensten Dinge und er ist der Weiseste! —, daß einstmals vor der Regierung des großen Kalifen Haroun el Raschid ein Narr lebte, der die Belustigung der Frauen, Greise und Kinder bildete. Man nannte ihn Djoâidi. Er erfreute sich nach Belieben der Gunst vieler Frauen, und alle begehrten ihn und nahmen ihn vortrefflich auf. Auch die Fürsten, Vezire und Kadis behandelten ihn sehr gut; alle Welt verhätschelte ihn. Zu jener Zeit nämlich genoß alles, was Narr hieß, die größte Achtung, weshalb der Dichter sang:

O Zeit, Von allen, die hienieden vergehen, erhebst
　　du nur
Den, der sich verrückt und als Narr aufführt,
Oder den, dessen Mutter eine Prostituierte ist,
Oder den, der seit seiner Jugend das
　　Kupplergewerbe ausübt,
Und keine andere Beschäftigung hat, als die
　　Beziehungen
　　zwischen den beiden Geschlechtern zu erleichtern.

Djoâidi trug folgende Erzählung vor:

Ich war verliebt in eine Frau von vollendeter Anmut, von herrlichem Wuchs, mit allen erdenklichen Reizen versehen. Sie hatte Wangen wie Rosen, eine glänzende Stirn, Lippen wie Korallen, Zähne gleich Perlen und

154

Brüste wie Granatäpfel. Die Öffnung ihres Mundes glich der Fassung eines Ringes, ihre Zunge schien belegt mit kostbaren Edelsteinen, ihre schwarzen geschlitzten Augen waren schläfrig schmachtend, und ihre Worte waren süß wie Zucker. Sie war sehr beleibt, und ihr Fleisch war kräftig wie frische Butter, rein gleich dem Demant.

Ihr Schoß war weiß, vorspringend, rund wie ein Gewölbe; die Mitte war rot, und das Feuer schlug daraus; sie zeigte nicht die geringste Spur von Feuchtigkeit, denn sie war zart anzufühlen und vollkommen trocken. Beim Gehen trat sie im Relief wie ein ragender Dom und wie eine umgestürzte Schüssel hervor. In der Ruhe zeichnete sie sich zwischen ihren Schenkeln auf ihrem ausgestreckten Körper wie ein junges Kind aus, das auf der Mutterbrust schläft, oder wie eine junge Ziege, die auf einem Hügel ruht.

Diese Frau war meine Nachbarin. Alle anderen Frauen spielten und lachten mit mir, trieben Scherz mit mir und belustigten sich an meinen Reden. Ich sättigte mich an ihren Küssen und an ihren Umarmungen. Alle durfte ich lieben, außer meiner Nachbarin, und doch wünschte ich, unter allen Umständen gerade sie zu besitzen; sie aber, weit davon entfernt, mit mir zu scherzen, ging mir vielmehr aus dem Wege. Und als es mir dann gelang, sie auf die Seite zu nehmen, mit ihr zu spaßen, ihre gute Laune zu erregen, kam ich dazu, ihr von meinem Liebesverlangen zu sprechen. Da sagte sie mir folgende Verse, deren Sinn mir entging:

Im Gebirge sah ich ein fest aufgeschlagenes Zelt,
Das seine Spitze allen Augen zugänglich machte,
Doch der Pfahl, der seine Mitte stützte, war
   herausgerissen,
So war es wie ein Gefäß ohne Henkel.
Seine Schnüre lösten sich
Und sein Mittelpunkt senkte sich und bildete eine
Höhlung wie ein verzinnter Kessel.

Jedesmal nun, wenn ich dieser Frau mein Begehren vortrug, wiederholte sie mir diese Verse, deren Sinn ich nicht begriff und auf die ich unmöglich antworten konnte, was meine Liebe nur steigerte. Ich fragte also alle Weisen, alle Philosophen und alle gelehrten Dichter, die ich kannte, aber keiner vermochte mir eine Lösung zu geben, die mein Herz befriedigte und meine Leidenschaft stillte.

Gleichwohl setzte ich meine Nachforschungen fort und befragte alle Welt hierüber, bis ich von einem Gelehrten namens Abou Nouass sprechen hörte, der in einem fernen Land wohnte und den man mir als allein fähig bezeichnete, das Rätsel zu lösen. Ich begab mich also zu ihm, teilte ihm mit, was sich zwischen mir und jener Frau zugetragen, und sagte ihm die Verse.

Abou Nouass erklärte mir: »Diese Frau liebt dich vor jedem anderen. Sie ist sehr beleibt und hat einen starken Bauch.«

Ich antwortete ihm: »Ja, das stimmt. Du zeichnest ihr Bild, als stände sie vor dir, bis auf ihre Liebe zu mir, wovon sie mir bis jetzt keinen Beweis gab.«

»Sie hat keinen Mann.«

»Allerdings«, bemerkte ich.

Darauf fügte er hinzu: »Ich habe Grund zur Annahme, daß deine Männlichkeit nicht sehr ausgeprägt ist und daß du deshalb ihre Glut nicht zu stillen vermagst, denn ihr tut ein äußerst kräftiger Liebhaber not. Vielleicht verhält es sich nicht so in jenem Punkt; sage mir die Wahrheit.«

Als ich ihn hierüber mit der Versicherung beruhigt hatte, daß meine Mannesstärke jeden Vergleich aushalte, äußerte er, nun sei jede Schwierigkeit behoben, und erklärte mir den Sinn der Verse in folgender Weise:

»Das ›fest aufgerichtete Zelt‹ bedeutet die weibliche Leibesfülle, die Berge, zwischen denen es errichtet ist, sind die Schenkel. Der Pfahl, der seine Mitte stützte, wurde herausgerissen; das bedeutet, daß sie keinen Mann hat. ›Es war wie ein Gefäß ohne Henkel‹: das will sagen: wenn der Eimer nicht mit einem Henkel versehen ist, woran man ihn aufhängen kann, so taugt er nichts und ist unnütz, wobei der Eimer die Frau und der Henkel den Mann darstellt. ›Die Schnüre lösten sich los und sein Mittelpunkt senkte sich‹, das bedeutet: wie das Zelt sich senkt, das keinen Pfahl in der Mitte zum Stützen hat, ebenso vermag die Frau, die keinen Mann hat, kein vollkommenes Glück zu empfinden. Was endlich die Worte anlangt: ›bildete eine Höhlung wie ein verzinnter Kessel‹, so kannst du hieraus beurteilen, wie wollüstig Gott diese Frau in ihren Vergleichen geschaffen hat; ihren Schoß vergleicht sie mit einem Kessel, der

157

zur Bereitung des *tserid* dient. Höre mich: Stellt man den *tserid* auf einen Kessel, so wird er nur gut, wenn man ihn mit einem langen, starken *medeleuk* umrührt, wobei man den Kessel mit den Händen und Füßen stützt. Nur so erhält man eine gute Zubereitung. Anders ist es aber, wenn man sich eines kleinen Löffels bedient; der Koch verbrennt sich die Finger, da der Griff zu kurz ist, und die Zubereitung mißlingt. Es ist dieses das Symbol des Wesens dieser Frau. Djoâidi, hat dein Glied nicht das Maße eines *medeleuk,* der sich für eine gute Zubereitung des *tserid* eignet, so wird es ihr keine Befriedigung verschaffen; drückst du sie des weiteren nicht an deine Brust und umklammerst sie nicht mit deinen Händen, wobei die Füße mithelfen, so ist es zwecklos, sich um ihre Gunst zu bewerben; läßt du sie endlich sich an ihrem eigenen Feuer verzehren, wie der Boden des Kessels anbrennt, wenn man nicht sorgfältig mit dem *medeleuk* umrührt, so verhilfst du ihr nicht zu dem begehrten Ziel.

Nun siehst du, was sie hinderte, deinen Wünschen nachzugeben; sie fürchtete, du seiest nicht fähig, ihre einmal entzündete Flamme zu löschen.«

So also gab mir Abou Nouass eine ausführliche Deutung aller Einzelheiten dieser seltsamen Verse, fragte mich nach dem Namen der Frau und sagte dann:

»Kehre zu ihr zurück, bring ihr diese Verse, und deine Sache wird einen glücklichen Ausgang nehmen, wenn es Gott gefällt! Alsdann kehre zu mir zurück und berichte, was sich zwischen euch beiden zugetragen hat.«

Ich versprach es ihm, und Abou Nouass sagte mir nun folgende Verse:

Fadehat el Djemal, habe Geduld:
Ich habe deine Worte begriffen, und mein Gehorsam
    soll sich zeigen.

Du Geschätzte, von jedermann Geliebte,
Der deine Reize zu genießen und Ruhm daraus zu
  ziehen vermag.
Du mein Augapfel, du meintest,
Ich würde in Verlegenheit sein, dir eine klare Ant-
  wort zu geben.
Doch wahrlich, deine Liebe hatte sich in mein Herz
  geschlichen
Und meine Vernunft in aller Augen verwirrt, wie du
  siehst.
Alle halten mich vom bösen Geist besessen,
Sie heißen mich Possenreißer, Narr, Spaßmacher,
Doch bei Gott! Was gibt's denn Närrisches an mir?
  Wär' es dies,
Daß keiner über Manneskraft verfügt wie ich?
Wer sie zu kosten bekommt, bringt mir unendliche
  Zärtlichkeit entgegen
Und eine glühende Liebe. Sicher ist und
  unumstößlich,
Daß es aufragt gleich einer Säule, sichtbar von
weitem.
Richtet es sich empor, so stellt es mich bloß und
  macht mich verlegen.
Nimm es hin, stecke es in das Zelt,
Das sich erhebt zwischen den bekannten Bergen.
Wunderbar wird es sich dort einrichten,
Keine Erschlaffung sollst du sehen, es wird wie ein
  Nagel eingeschlagen sein.
Nimm es hin: Laß es den Griff des Gefäßes werden,
Von dem du mir sprachst, als es leer war und ohne
  Henkel.
Komm, prüfe es, urteile rasch,
Wie gewaltig es ist in seiner kräftigen,
  unvergleichlichen Erregung.
Wünschst du einen passenden *medeleuk*,

Einen rauhen *medeleuk* zwischen deine Schenkel zu
legen
So nimm diesen und leg ihn inmitten deines
Kessels:
Es wird dir nur guttun, meine Herrin, und wär' dein
Kessel selbst verzinnt.

Nachdem ich diese Verse auswendig gelernt hatte,
nahm ich Abschied von Abou Nouass und kehrte zurück zu Fadehat el Djemal. Sie war wie gewöhnlich allein. Ich klopfte leicht an ihre Tür; alsbald trat sie heraus, schön wie ein Sonnenaufgang, kam auf mich zu
und sprach: »Feind Gottes, was führt dich zu mir in diesem Augenblick?«

Ich erwiderte: »Eine sehr wichtige Sache, meine Herrin.«

»Sprich dich aus, ich will sehen, ob es in meiner
Macht liegt, dir zu helfen«, versetzte sie.

»Ich kann darüber nur sprechen, wenn deine Tür verschlossen ist«, antwortete ich.

»Deine Kühnheit ist wahrlich groß«, erwiderte sie.

»Du hast recht, meine Herrin. Die Kühnheit ist ein
Vorzug von mir«, sagte ich darauf.

Nun sprach sie: »Du Feind deiner selbst. Verächtlich-
ster deines Geschlechtes. Schließe ich die Tür und du
vermagst meine Wünsche nicht zu erfüllen, was mach'
ich dann mit dir?«

»Das Lager wirst du mit mir teilen und mir deine
Gunst schenken.«

Sie hob zu lachen an und ließ eine Sklavin die Haustür schließen, als wir eingetreten waren. Wie gewöhnlich bat ich sie um Antwort auf mein Verlangen, worauf
sie die schon erwähnten Verse sagte. Als sie damit fertig
war, sprach ich die Verse, die mich Abou Nouass gelehrt
hatte.

Bei jedem Vers, den sie hörte, sah ich sie vor mir erblassen, sie verlor die Kräfte, sie gähnte, streckte sich nieder und seufzte. Daran erkannte ich, daß ich zu meinem Ziel gelangte. Als ich fertig war, befand ich mich in äußerster Erregung, so daß mein Glied einer Säule gleich vor mir aufragte. Als Fadehat el Djemal es in diesem Zustand sah, vermochte sie nicht zu widerstehen, sie stürzte sich darauf, nahm es in ihre Hände und führte es gegen ihre Schenkel. Nun sagte ich: »Hier geht das nicht, mein Augapfel, treten wir in dein Zimmer!«

Sie antwortete: »Laß mich in Ruhe, du Sohn einer wollüstigen Frau! Bei Gott, ich verliere die Besinnung, wenn ich sehe, wie dein Glied lang und länger wird und dein Gewand aufhebt. Oh, dieses schöne Glied, nie habe ich ein schöneres gesehen. Führe es ein in diesen köstlichen, fleischigen Schoß, der jeden liebestoll macht, der ihn beschreiben hört, für den so viele verliebte Männer starben und von dem selbst deine Herren und Meister nicht Besitz ergreifen konnten!«

Ich erwiderte ihr: »Ich werde es nur in deinem Zimmer tun.«

Sie erklärte: »Dringst du nicht sofort ein in diesen zarten Schoß, so werde ich sterben.«

Da ich weiter darauf bestand, sie möge sich ins Zimmer begeben, rief sie aus: »Nein, unmöglich, so lange kann ich nicht warten!«

In der Tat sah ich, wie ihre Lippen zitterten und ihre Augen feucht wurden. Ein allgemeines Beben ergriff sie, ihr Gesicht verfärbte sich, sie legte sich auf den Rücken und entblößte ihre Schenkel, deren blendende Weiße ihr Fleisch einem rosarot gefärbten Kristall ähnlich machte.

Nun prüfte ich ihren Schoß, der eine weiße Kuppel bildete, deren Mittelstück purpurfarben war; er war sanft und entzückend. Ich sah ihn sich öffnen gleich einer hitzigen Stute bei der Annäherung des Hengstes.

In diesem Augenblick ergriff sie mein Glied und küßte es mit den Worten: »Bei meines Vaters Religion, es muß in meinen Schoß eindringen!« Sie kam nahe an mich heran und zog es gegen ihren Schoß.

Ich zögerte jetzt nicht mehr, ihr mit meinem Glied zu helfen, das ich an die Pforte ihres Schoßes rückte. Als der Kopf meines Gliedes ihre Lippen berührte, durchzitterte die Wolust Fadehat el Djemals ganzen Körper. Ich vernahm ihr Schluchzen, ihre Seufzer, ihre Tränen, und fest drückte sie mich an ihre Brust.

Diesen Augenblick benutzte ich, aufs neue die Schönheit ihres Schoßes zu bewundern. Sie war herrlich, und ihr purpurroter Mittelpunkt ließ ihre Weiße um so mehr hervortreten. Sie war gewölbt und frei von jedem Mangel; gleich einer Kuppel mit anmutigen Linien erhob sie sich über dem Bauch. Mit einem Wort, es war das schönste Gebilde, das sich denken läßt. Gesegnet sei Gott, der große Schöpfer!

Die Besitzerin dieses Wunders aber hatte zu ihrer Zeit keine Rivalin, die sie hierin übertraf.

Als ich sie nun in dieser Verzückung sah, sich schüttelnd wie ein Vogel, dem man den Hals mit dem Messer abschneidet, drang ich in sie ein mit Pfeilesschnelle. Gleichwohl hatte ich meine Maßnahmen getroffen, da ich annahm, daß sie mein Glied nicht ganz in sich aufnehmen könne. Sie aber rührte ihre Hinterbacken heftig hin und her und sagte: »Das reicht noch nicht aus für meine Befriedigung.« So führte ich mein Glied mit einem gewaltigen Ruck ganz ein; einen lauten Schrei ausstoßend, schüttelte sie sich heftig und sprach: »Vergiß nicht die Winkel oben und unten, vor allem aber vernachlässige nicht die Mitte! Die Mitte!« wiederholte sie. »Fühlst du die Wollust kommen, so stille in meiner Gebärmutter meine Glut!« Nun überließen wir uns beide, sie und ich, einer abwechselnden Hin- und Herbewegung, deren Rhythmus uns entzückte. Unsere Beine verschlangen sich, unsere Muskeln entspannten sich, und das ging unter Küssen und Umarmungen so weiter, bis wir zu gleicher Zeit die höchste Wollust erreichten. Nun brachen wir ab und schöpften Atem.

Ich wollte mein Glied zurückziehen, sie aber ließ es nicht zu und bat mich, es nicht zu tun; ich gab ihr nach, doch einen Augenblick später zog sie es selbst zurück, wischte es ab und führte es von neuem ein in ihren Schoß. Wir nahmen nun wieder unsere Hin- und Herbewegungen auf, unter Küssen, unter Umarmungen und taktmäßigen Bewegungen. Nach kurzer Zeit standen wir auf, gingen in das Zimmer, ohne daß wir diesmal den Gipfel der Wollust erreichten. Nun reichte sie mir ein Stück Wurzel und empfahl mir, es in meinen Mund zu nehmen, mit der Versicherung, solange ich die Wurzel darin behielte, werde mein Glied wach bleiben. Alsdann hieß sie mich, mich niederzulegen, was ich auch tat. Sie stieg dann auf mich, nahm mein Glied in ihre Hand und versenkte es völlig in ihren Schoß. Ich staunte über ihren Schoß, über die Stärke, deren sie fähig war, und über die glühende Hitze, die sie ausströmte. Besonders das Öffnen ihrer Gebärmutter erregte meine Bewunderung. Nie hatte ich etwas Ähnliches erfahren; sie zog mein Glied mit äußester Glut an sich und biß aufs heftigste in seinen Kopf.

Keine Frau außer Fadehat el Djemal hatte bis dahin mein Glied ganz in sich aufnehmen und es ertragen können. Daß sie es konnte, ließ mich glauben, sie habe es dem Umstand zu verdanken, daß sie sehr dick und fett und daß ihr Schoß weit und tief war.

Nachdem sich also Fadehat el Djemal auf mich gelegt hatte, bewegte sie sich auf- und abwärts, bald langsam, bald schnell, bald wieder aufhörend, wobei sie schrie und weinte; sie schaute, ob ein kleiner Teil meines Gliedes außerhalb ihres Schoßes sei, zog es dann ganz zurück, um es zu betrachten, und tauchte es dann wieder ein, um es ganz verschwinden zu lassen. Damit fuhr sie fort, bis der Höhepunkt sich einstellte. Endlich stieg sie von mir herunter, legte sich ihrerseits hin und hieß mich auf sie steigen. Nun führte sie mein Glied ganz in ihren Schoß.

So fuhren wir fort, uns zu liebkosen, unsere Lage abwechselnd verändernd, bis die Nacht hereinbrach. Ich hielt es für richtig, den Wunsch auszusprechen, mich zurückzuziehen, dem sie sich jedoch widersetzte, mich beschwörend, zu bleiben. Ich sagte zu mir selbst: »Diese Frau will mich um keinen Preis loslassen, doch wenn der Tag anbricht, wird Gott mich beraten.« So blieb ich, und die ganze Nacht hörten wir nicht auf, uns zu kosen, und gönnten uns nur wenige Augenblicke Ruhe.

Ich rechnete mir aus, daß ich während dieses Tages und dieser Nacht siebenundzwanzigmal die Vereinigung vollzogen hatte und jedesmal bis zum Ende. Da fürchtete ich von dieser Frau nicht mehr fortzukommen.

Trotzdem gelang es mir, ihr zu entfliehen; ich suchte nochmals Abou Nouass auf und berichtete ihm meine Erlebnisse. Er wunderte sich und war betroffen, und seine ersten Worte lauteten: »O Djoâidi, du kannst auf eine solche Frau keine Macht und keinen Einfluß haben, und sie ließe dich alle Freuden büßen, die du dir mit den anderen verschafft hast.«

Fadehat el Djemal jedoch schlug mir vor, ihr rechtmäßiger Gatte zu werden, um alle ärgerlichen Gerüchte über sie verstummen zu lassen. Ich aber suchte nochmals Abou Nouass auf und berichtete ihm meine Erlebnisse. Er wunderte sich und war betroffen, und seine ersten Worte lauteten: »O Djoâidi, wenn du Fadehat el Djemal heiratest, zerstörst du deine Gesundheit und Gott wird dir seinen Schutz entziehen. Das Schlimmste aber wird sein, daß sie dir Hörner aufsetzen wird, da sie unersättlich ist in ihrer Gier und sie dich mit Schimpf und Schande überhäufen würde.«

Ich antwortete ihm: »So ist die Natur der Frauen, unersättlich sind sie in allem, was ihre Lust betrifft, und erreichen sie nur ihre Wünsche, so liegt ihnen wenig daran, ob der Betreffende ein Narr sei oder ein Neger, ein Diener oder auch ein verächtlicher, von der Gesellschaft verstoßener Mensch.«

Bei dieser Gelegenheit beschrieb Abou Nouass den Charakter der Frauen in folgenden Versen:

Die Frauen sind Dämonen, und sie wurden so
  geschaffen,
Niemand mag ihnen trauen, das ist eine bekannte
  Wahrheit.
Lieben sie einen Mann, so geschieht's nur aus
  Laune,
Und der, dem sie sich grausam zeigen, wird nur
  noch mehr in sie verliebt.
Ihr Wesen ist aus Verrat und List zusammengesetzt.
  Ich verkünde: der Mann,
Der gutgläubig in seiner Liebe ist, ist verloren;
Wer mich nicht für aufrichtig hält, wird die Wahrheit
Meiner Worte bestätigt finden und lange Jahre
  hindurch wird die Liebe ihre Herrschaft über ihn
  ausüben.
Hast du ihnen selbst hochherzigerweise deinen
  ganzen Besitz geschenkt,
Und dies während eines unendlichen Zeitraums,
Sie würden noch sagen: »Ich schwöre bei Gott,
  meine Augen
Haben das Gut, das er mir geschenkt haben will,
  nicht gesehen«, und nur für sie wirst du dich doch
  in offenbare Armut gestürzt haben.

Alle Tage wiederholen sie dir: »Schenk mir etwas, mein Mann,

Steh auf, kaufe, lobe, verdopple deine Güter.«

Sehen sie, daß kein Vorteil von dir zu ziehen ist, so wenden sie sich gegen dich.

Sie verleumden dich und machen dich verächtlich in den Augen der Welt.

Sie weichen nicht vor dem Beistand eines Sklaven, in Ermangelung des Herrn, sowie

Die Leidenschaft in ihnen erwacht, und dann kommt ihre Betrügerei an den Tag,

Und wahrlich, dann denken sie nur daran, ihre heiße Lust

Mit einem unermüdlichen Mann zu stillen.

Gott bewahre uns also vor der Arglist der Frauen.

Und vor allem vor dem Übel der Alten: das ist bei allen bekannt.

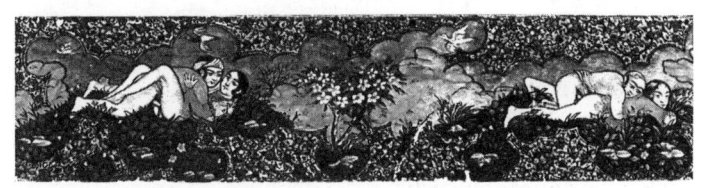

Zehntes Kapitel

Über die Paarung
der Tiere

Wisse, Vezir — Gottes Segen sei mit dir! —, daß die Paarung der verschiedenen Tiere nicht den verschiedenen Arten der menschlichen Vereinigung gleicht.

Die Ruten der Tiere werden eingeteilt nach den Arten, auf die sie sich beziehen und die sich auf vier belaufen:

Die Glieder der Huftiere, wie Pferd, Maultier, Esel, deren Glieder von großem Maß sind:

El rermoul, der Koloß.

El kass, die zusammengerollte Schlange.

El fellag, der Spalter.

El zellate, der Prügel.

El heurmak, der Unbändige.

El meunefoukh, der Aufgeblähte.

Abou dommar, der mit einem Kopf versehen ist.

Abou beurnita, der mit einem Hut versehen ist.
El keurkite, der spitze Stock.
El keuntra, die Brücke.
El rezama, der Klöpfel.
Abou sella, der Kämpfer.

Die Glieder der Tiere, die *akhefaf* genannte Füße besitzen, wie das Kamel.
El mâloum, der Wohlbekannte.
El touil, der Lange.
El cherita, das Band.
El mostakime, der Feste.
El heurkal, der Schwebende.
El mokheubi, der Verborgene.
El chaaf, der Schopf.
Tsequil el ifaka, der langsam Erwachende.

Die Glieder der Tiere mit gespaltenen Füßen, wie der Ochse, der Hammel usw.
El aceub, der Nerv.
El keurbadj, die Gerte.
El soute, die Peitsche.
Requing er ras, der mit einem kleinen Kopf versehen ist.
El touil, der Lange.
Für den Widder:
El aicoub, der Nervige.

Die Glieder der Tiere mit Krallen, wie der Löwe, der Fuchs, die Katze und andere Tiere derselben Art:
El kedib, die Rute.
El kibouss, der mit einer entwickelten Eichel versehen ist.
El metemerote, der zu einer Verlängerung Fähige.

Man behauptet, daß unter allen von Gott erschaffenen Tieren der Löwe der größte Kenner in der Paarung sei.

Sobald er der Löwin begegnet, prüft er sie, ehe er sich mit ihr paart. Er erkennt, ob sie schon von einem Männchen gedeckt worden ist. Kommt er zu ihr, so beriecht er sie, und falls ein Eber sie gekreuzt hat, so erkennt er sofort an ihr den Geruch dieses Tieres; dann beriecht er ihren Urin, und wenn das Ergebnis der Prüfung nicht so günstig ist, so gerät er in Wut und wendet sich nach allen Seiten, seinen Schwanz nach rechts und nach links werfend. Wehe dem Wesen, das in diesem Augenblick gerade in seine Nähe kommt, denn er zerreißt es unfehlbar in Stücke; alsdann schreitet er auf die Löwin zu, die vor Furcht stillhält; er beriecht sie ein zweites Mal, brüllt, daß die Berge zittern, und sich auf sie stürzend, zerreißt er ihren Rücken mit seinen Krallen.

Man sagt, daß unter den Tieren keines zugleich eifersüchtiger und intelligenter sei als der Löwe. Man versichert sogar, daß er sich dem, der ihn mit schönen Worten überlistet, unterwürfig zeigt und sich vor ihm zurückzieht.

Der Mann, der bei der Begegnung mit einem Löwen seine Geschlechtsteile entblößt, schlägt ihn alsbald in die Flucht. Wer vor ihm den Namen Daniel — Heil sei mit ihm! — ausspricht, schlägt ihn ebenfalls in die Flucht. Sobald daher dieser Name ausgesprochen wird, entfernt sich der Löwe ohne Unheil anzurichten. Man führt mehrere Fälle dieser Art an.

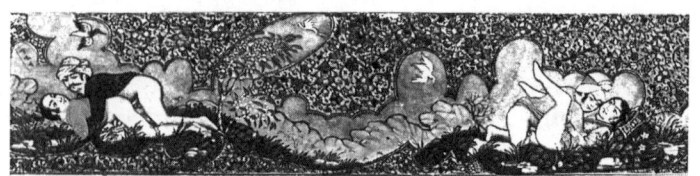

Elftes Kapitel

Über Listen
und Ränke der Frauen

Wisse, Vezir — Gott sei dir barmherzig! —, daß die Listen der Frauen zahlreich und sinnreich sind. Ihre Verschlagenheit ist selbst der des Satans überlegen, denn der Höchste hat gesagt — Koran, Kapitel XII, Vers 28 —, daß die Betrügereien der Frauen groß sind, und er hat auch gesagt — Koran, Kapitel VI, Vers 38 —, daß die Schliche des Satans demgegenüber schwach sind. Beim Vergleich dieser Gottesworte sieht man, wie groß die Verschlagenheit der Frauen ist.

Man erzählt, daß ein Mann eine Frau liebte, die von außerordentlicher Schönheit war und alle erdenklichen Vorzüge in sich vereinigte. Er hatte ihr zahlreiche Anträge gemacht, die sie aber zurückgewiesen hatte; dann hatte er versucht, sie durch sehr reiche Geschenke zu gewinnen, die sie aber auch abgelehnt hatte. Er jammerte, klagte und vergeudete sein Vermögen, um sie zu erobern, konnte aber nichts erreichen. Darüber war er mager geworden wie ein Gespenst.

Das dauerte eine Zeitlang, während derer er die Bekanntschaft einer alten Frau machte, der er in bitteren Klagen sein Erlebnis mitteilte. Die Alte sprach zu ihm: »Ich werde dich zum Erfolg führen, wenn es Gott gefällt.«

Sie ging also auf die Wohnung jener Frau zu, um zu versuchen, mit ihr zu reden. Kaum jedoch angelangt, erfuhr sie durch die Nachbarn, daß sie nicht eindringen könne, da das Haus von einer bösartigen Hündin bewacht sei, die niemanden, wer es auch sei, hinein und heraus lasse und in ihrer Wildheit den Leuten sogar ins Gesicht springen würde.

Als sie dies hörte, freute sich die Alte und sagte sich: »So wird die Sache gelingen, wenn es Gott gefällt.«

Sie kehrte alsdann nach Hause zurück und füllte einen Napf mit Fleisch, das sie in Stücke zerschnitt. So ausgerüstet, begab sie sich von neuem zum Haus der Frau und ging hinein.

Sobald die Hündin die Alte sah, erhob sie sich, um sich auf sie zu stürzen; die Alte aber zeigte sofort den Napf mit dem Fleisch. Sowie das Tier das Fleisch roch, zeigte es seine Zufriedenheit durch Bewegungen seines Schwanzes und seiner Schnauze. Die alte Frau gab ihm nun den Napf und sprach folgendermaßen zu ihm: »Friß, meine Schwester, deine Abwesenheit war mir peinlich: ich wußte nicht, was aus dir geworden war, und schon lange suche ich dich. Stille deinen Hunger.«

Während die Hündin fraß und die alte Frau ihr den Rücken streichelte, kam die Herrin des Hauses, um zu hören, wer da sei, und war sehr überrascht, als sie sah, wie ihre Hündin, die sonst niemanden hereinließ, der Unbekannten so freundlich begegnete. Sie sagte: »Du alte Frau, woher kennst du unsere Hündin?«

Die Alte erwiderte nichts, sondern fuhr fort zu klagen und die Hündin zu streicheln.

Die Herrin des Hauses sprach nun zu ihr: »Mein Herz schnürt sich zusammen bei deinem Anblick. So laß mich die Gründe deines Kummers wissen!«

»Diese Hündin«, entgegnete die Alte, »war einst eine Frau, und diese Frau war meine Freundin. Eines Tages ward sie mit mir auf eine Hochzeit eingeladen: sie legte die Kleider an, die ihr am besten paßten, und schmückte sich mit ihrem schönsten Schmuck. Dann gingen wir zusammen weg. Unterwegs wurden wir von einem Mann angehalten, der bei ihrem Anblick von heftiger Liebe ergriffen wurde, den sie aber nicht anhörte. Er ließ ihr mehrere Anträge machen, die sie aber zurückwies. Endlich bot er ihr herrliche Geschenke an, die sie aber auch ablehnte. Eines Tages begegnete ihr dieser Mann und sprach zu ihr: ›Sei mir willfährig, sonst beschwöre ich Gott, daß er dich in eine Hündin verwandelt.‹ Sie aber versetzte: ›Beschwöre, soviel du willst!‹ Der Mann rief nun den Fluch des Himmels auf diese Frau herab, und so wurde sie in eine Hündin verwandelt, wie du siehst.«

Bei diesen Worten fing die Herrin des Hauses zu weinen und zu klagen an und sprach: »O meine Mutter, ich fürchte, dasselbe Schicksal zu erleiden wie deine Hündin!«

»Was hast du denn getan?« sagte die Alte.

»Ein Mann«, versetzte sie, »liebt mich seit langer Zeit, und ich wollte seinen Wünschen nicht nachgeben, ja ihn nicht einmal anhören, obwohl er große Ausgaben machte, um mir zu gefallen. Ich antwortete ihm immer, ich würde nicht nachgeben, und nun fürchte ich, meine Mutter, daß er Gottes Fluch auf mich herabrufen wird.«

»Mach mich mit diesem Mann bekannt, auf daß du nicht wie dieses Tier wirst!«

»Doch wo wirst du ihn treffen können, und wen könnte ich zu ihm schicken?« rief die Herrin des Hauses aus.

Die Alte versetzte: »Mich, meine Tochter. Ich will dir diesen Dienst erweisen und ihn suchen gehen.«

»Beeile dich, meine Mutter«, entgegnete sie, »und finde ihn, ehe er Gott gegen mich beschworen hat!«

»Noch heute werde ich ihn treffen«, versicherte die Alte, »und die Begegnung soll morgen stattfinden, wenn es Gott gefällt.«

Die alte Frau ging nun weg, begab sich am gleichen Tag zu dem, der ihr seine Interessen anvertraut hatte, und teilte ihm die für morgen anberaumte Begegnung mit.

Gleich am folgenden Tage begab sich die Frau zu der Alten, da vereinbart worden war, daß bei ihr die Zusammenkunft stattfinden sollte. Als sie im Haus war, wartete sie einige Augenblicke, allein niemand kam, und der Liebhaber gab kein Lebenszeichen. Ohne Zweifel hatte er sich unerwarteterweise wegen dringender Geschäfte entfernen müssen.

Die Alte indessen, über diesen widrigen Zufall nachdenkend, wiederholte bei sich: »Es gibt keine Kraft und Macht außer bei dem großen Gott.« Doch sie konnte diese Verzögerung nicht erklären. Ihre Blicke zu der Frau wendend, fand sie sie unruhig und bemerkte, daß sie heftig die Vereinigung wünschte.

Diese Unruhe verriet sich bald durch folgende Frage: »Warum kommt er denn nicht?«

Worauf sie erwiderte: »Meine Tochter, eine wichtige Angelegenheit hat ihn wahrscheinlich in die Notwendigkeit versetzt, eine Reise zu unternehmen, doch ich will dir in dieser Sache helfen.«

Sie bekleidete sich nun mit ihrer melahfa und ging weg, um den jungen Mann zu suchen. Allein all ihre Bemühungen waren vergeblich, und sie konnte nicht die geringste Nachricht von ihm erhalten.

Die Alte, ihre Nachforschungen fortsetzend, sagte sich nun: »Diese Frau bedarf in diesem Augenblick männlicher Liebkosungen. Warum sollte ich nicht einen jungen Mann suchen, der ihre Glut für heute stillen wird? Morgen werde ich dann den anderen finden.«

Als sie so bei dieser Überlegung weiterging, traf es sich, daß sie einem jungen Manne von höchst verführerischem Aussehen begegnete. Sofort erkannte sie in ihm den, der ihr aus der Verlegenheit helfen sollte, und auf ihn zugehend sprach sie zu ihm: »Mein Sohn, wenn ich dich mit einer Frau von außerordentlicher Schönheit und Anmut, die mit allen Vorzügen versehen ist, bekannt mache, wärest du bereit, dich mit ihr zu vereinigen?«

»Wenn deine Worte der Wahrheit entsprechen«, erwiderte der junge Mann, »werde ich dir diesen Golddinar schenken.« Entzückt nahm die Alte das Geldstück und führte ihn in ihre Wohnung.

Nun traf es sich, daß jener junge Mann gerade der Mann der Frau war, was die Alte erst erfuhr, als sie ihn mit der Frau zusammenbrachte. Sie ging vor ihm in das Haus und sprach zu der Frau: »Den, der dich liebt, habe ich nicht gefunden, aber ich führe dir statt seiner einen zu, der heute deine Glut stillen mag. Der andere kommt dann morgen, Gott hat mir dies so eingegeben.«

Die Frau stand nun auf, um den Mann, den die Alte ihr vorstellen wollte, anzusehen, und als sie einen Blick durch das Fenster warf, erkannte sie ihren Mann, der sich anschickte, ins Haus zu treten. Ohne zu zögern, bekleidete sie sich eilig mit ihrer melahfa, ging gerade auf den Mann zu, schlug ihm ins Gesicht und rief aus: »Feind Gottes und deiner selbst, was willst du hier beginnen? Sicher bist du hierher gekommen, um einen

Ehebruch zu begehen. Schon lange habe ich dich im Verdacht und alle Tage warte ich hier auf dich, nachdem ich alte Frauen zu dir geschickt hatte, um dich anzulokken. Heute bist du gefangen und kannst nicht leugnen. Dabei hast du mir versichert, du seist kein Wüstling. Noch heute beantrage ich die Scheidung, denn nun bin ich hinter dein Verhalten gekommen.«

Der Mann glaubte an die Wahrheit der Worte seiner Frau, war bestürzt und verstummte. Hieraus magst du lernen, welcher Falschheit die Frau fähig ist!

Man erzählt von einer Frau, die sich sterblich in einen ihrer Nachbarn verliebte, der durch seine Tugend und Frömmigkeit bekannt war. Sie erklärte ihm ihre Liebe, doch als sie sah, daß er beharrlich ihre Anträge zurückwies trotz aller Schliche, deren sie sich bediente, beschloß sie, sich für seine Zurückweisungen Genugtuung zu verschaffen. So ersann sie folgendes Mittel, um ihr Ziel zu erreichen:

Eines Abends teilte sie ihrer Negerin ihre Absicht mit, jenem Mann eine Falle zu stellen, worauf diese auf ihr Geheiß die Straßentür offen ließ; gegen Mitternacht hieß sie sie aufstehen und erteilte ihr folgende Weisungen: »Geh hinaus und klopfe von außen sehr stark mit diesem Stein an die Tür, ohne dich um die Schreie, die ich ausstoße und um das Geräusch, das ich machen werde, zu kümmern. Sobald du hörst, wie der Nachbar seine Tür öffnet, kehrst du zurück, um an die zweite Tür zu klopfen. Trage Sorge, daß du nicht gesehen wirst, und kehre sofort zurück, falls einer der Vorübergehenden auf dich zukommen sollte.« Die Negerin führte pünktlich diese Anweisungen aus.

Nun war jener Nachbar ein von Natur mitleidiger Mensch; stets war er geneigt, Leuten, die in Verlegenheit waren, zu Hilfe zu kommen, und nie begehrte man seinen Beistand vergeblich. Bei dem Geräusch der Schläge und des Geschreis der Nachbarin erkundigte er sich bei seiner Frau, was vorgehe, und diese antwortete ihm: »Unsere Nachbarin wurde in ihrem Haus wohl von Dieben angefallen.«

In aller Eile stürzte er davon, um Hilfe zu leisten, doch kaum war er in das Haus getreten, als die Negerin die Tür hinter ihm verschloß. Sie ergriffen ihn und fingen zu schreien an. Er protestierte, doch die Herrin des Hauses stellte ihm ohne Umschweife folgende Bedingung:

»Wenn du nicht bereit bist, mit mir dies und das zu tun, so werde ich sagen, du seist gekommen, mich zu vergewaltigen und habest diesen Skandal veranlaßt.«

»Gottes Wille geschehe«, versetzte der Mann, »niemand vermag gegen seine Entscheidung zu handeln und sich seiner Macht zu entziehen!«

Er suchte dann Ausflüchte, hinwegzukommen, doch vergeblich, denn die Nachbarin fing von neuem zu schreien und zu lärmen an, so daß eine große Menschenmenge herbeiströmte. Er sah seinen Ruf gefährdet, wenn er seinen Widerstand fortsetzte, und ergeben rief er aus:

»Rette mich, ich bin bereit.«

»Tritt in dies Zimmer und schließ die Tür hinter dir«, sagte die Frau, »wenn du mit Ehren wieder hinauskommen willst, und versuche nicht zu entschlüpfen, denn beim ersten Versuch werde ich diesen Leuten da sagen, daß du all diesen Lärm verursacht hast.«

Als er sah, daß sie entschlossen war, ihr Ziel zu erreichen, tat er, was man von ihm verlangte. Sie ihrerseits ging den Nachbarn, die zu ihrer Hilfe herbeigelaufen waren, entgegen und verabschiedete sie mit irgendeiner Erklärung. Sie zogen sich zurück und versicherten sie ihrer Teilnahme.

Nachdem sie nun allein war, schloß sie die Tür und ging zu ihrem Liebhaber wider Willen zurück. Sie hielt ihn eine ganze Woche eingeschlossen und gab ihm die Freiheit erst wieder, als er ganz entkräftet war.

Lerne hieraus, welcher Falschheit die Frauen fähig sind!

Man erzählt sich, daß von zwei Frauen, die in demselben Haus wohnten, die eine einen Mann hatte, der in jeder Beziehung kräftig und stark war, während der Mann der anderen im Gegensatz dazu sehr klein und schwächlich geraten war. Die erstere schwamm in Freude und Glück und konnte sich mit Lachen und Scherzen nicht genug tun, während die andere morgens unablässig weinte und klagte.

Eines Tages nun waren die beiden Frauen beisammen und unterhielten sich über ihre Männer.

Die erste sagte: »Ich lebe im größten Glück. Mein Bett ist ein Lager der Seligkeit. Sind mein Mann und ich darin vereinigt, so wird es Zeuge unseres höchsten Glükkes, die Stätte unserer Küsse und Umarmungen, unserer Freuden und Liebesseufzer. Sobald meines Mannes Glied in meinen Schoß eindringt, füllt es ihn völlig aus; es streckt sich darin aus, es erreicht seinen Grund; es verläßt die Wohnung nicht, ehe es alle Ecken und Schlupfwinkel besucht hat, die Schwelle, die Vorhalle, die Decke und das Mittelstück. Stellt die Wollust sich ein, so rückt das Glied in die Mitte meines Schoßes, die es reichlich mit seinen Tränen benetzt. So stillen wir unser Feuer und löschen unsere Gluten.«

Die zweite Frau antwortete: »Ich meinerseits lebe im größten Kummer. Unser Bett ist ein Unglücksbett, und unsere Verbindung ist voll von Ärger und Trübsal, von Haß und Fluch. Wenn mein Mann mir seine Männlichkeit beweisen will, so verspüre ich nicht die geringste

Lust, da er viel zu schwächlich ist. Sein Glied füllt meinen Schoß nicht ganz aus, und wenn es sich ausstrecken will, so kommt es nicht auf den Grund, da es zu kurz ist. Ist es in Aufrichtung, so ist es ganz gewunden und vermag nicht die geringste Lust hervorzurufen. Im übrigen ist es schwach, dünn und es ergießt nicht einmal einen Tropfen. Welche Frau vermöchte damit etwas anzufangen!«

Solcher Art Bemerkungen tauschten die beiden Nachbarinnen alle Tage.

Nun schlich sich in das Herz derjenigen, die sich über ihren Mann zu beklagen hatte, der Wunsch ein, mit dem Mann der anderen Ehebruch zu treiben. Sie sagte zu sich: »Das muß gelingen, und wenn es nur ein einziges Mal wäre.« Sie wartete bis zu dem Augenblick, in dem sie erfuhr, daß ihr Mann die Nacht außer Haus zubringen wolle, und traf am Abend ihre Vorbereitungen. Sie parfümierte sich mit lieblichen Wohlgerüchen und Essenzen. Im ersten Drittel der Nacht drang sie ohne Geräusch in das Zimmer, in dem die andere Frau und ihr Mann schliefen und tastete sich im Dunkeln an den Ort, wo sie ruhten. Sie breitete ihre Arme auf dem Bett aus, und als sie einen Zwischenraum zwischen den beiden fühlte, schlüpfte sie hinein. Der Raum war eng, aber jeder der beiden Gatten, in der Meinung den Druck des anderen zu fühlen, rückte zur Seite, und so gelang es ihr, unbemerkt zwischen beide zu kommen. Geduldig wartete sie, bis die andere Frau in tiefem Schlaf lag, und näherte sich dann dem Manne, so daß ihr Körper den seinen berührte. Der wachte auf, und als er die Wohlgerüche roch, die sie ausströmte, erregte er sich sofort. Er zog sie an sich, doch sie sagte mit leiser Stimme:

»Laß mich schlafen!«

»Sei mir zu Willen und sei still, die Kinder werden nichts hören«, antwortete er in der Meinung, zu seiner

Frau zu sprechen. Sie schmiegte sich dann an ihn, so daß er von seiner eigenen Frau wegrückte, und sagte:

»Mach es so, daß die Kinder in der Nähe nichts hören.« Sie war vorsichtig, denn sie fürchtete, die andere Frau könnte plötzlich erwachen.

Der Mann indessen, berauscht durch die Wohlgerüche, zog sie leidenschaftlich an sich. Nun hatte sie aber einen starken Bauch, so daß ihr Fleisch weich und ihr Schoß gewölbt war. Er stieg auf ihre Brust und sagte: »Nimm es in deine Hand wie gewöhnlich!« Sie nahm sein Glied und war entzückt über seine Größe und Herrlichkeit und führte es dann in ihren Schoß.

Der Mann jedoch bemerkte, daß er sein Glied hatte ganz einführen können, was ihm mit seiner Gattin noch nie geglückt war. Die Frau ihrerseits empfand, daß sie noch nie von ihrem Mann eine solche Wohltat genossen hatte.

Der Mann kam aus seiner Überraschung nicht heraus. Er vereinigte sich mit ihr ein zweites und ein drittes Mal, allein seine Überraschung nahm nur zu. Endlich erhob er sich von ihr und legte sich auf die Seite.

Sobald die Frau ihn schlafen sah, stand sie auf, verließ das Zimmer und kehrte nach Hause zurück.

Tags darauf sagte der Mann beim Aufstehen zu seiner Frau: »Nie erschienen mir deine Umarmungen so süß wie diese Nacht, und nie roch ich so liebliche Düfte, wie die, die du ausströmtest!«

»Wie, von welcher Umarmung, von welchen Düften sprichst du?« versetzte die Frau. »Nicht die kleinste Spur von einem Parfüm hatte ich im ganzen Haus.«

Sie stellte ihn als Lügner hin und versicherte ihm, er habe einen Traum gehabt. Nun dachte er darüber nach, daß er sich selbst geirrt haben könnte, und war mit seiner Frau einig, daß er in der Tat geträumt haben müsse.

Erkenne daraus, welcher Falschheit die Frauen fähig sind!

Man erzählt, daß ein Mann im Verlauf eines Aufenthalts in einem Land, in das er soeben gekommen war, den Wunsch empfand, zu heiraten. Um eine Gattin zu finden, wandte er sich an eine alte Frau, von deren Diensten er sich in dieser Angelegenheit Nutzen versprach. Sie sagte zu ihm:

»Ich vermag dir eine Frau von vollendeter Schönheit und allen körperlichen Vorzügen zu verschaffen. Sicher wird sie dir zusagen, denn außer diesen Vorzügen ist sie tugendhaft und rein. Nur hat sie ein Gewerbe, das sie den ganzen Tag beschäftigt, aber in der Nacht gehört sie völlig dir. Aus diesem Grund ist sie zurückhaltend, da sie fürchtet, sie passe dir nicht.«

Der Mann erwiderte: »Die Frau mag beruhigt sein. Auch ich bin tagsüber nicht frei und brauche sie nur in der Nacht.«

Er ging sie nun um ihre Hand an. Die Alte führte sie ihm zu, und sie gefiel ihm. Sie lebten von da ab zusammen, hielten sich jedoch an ihre Vereinbarung.

Dieser Mann hatte einen nahen Freund, dem er von der Frau, die die Heirat zustande gebracht sowie deren näheren Bedingungen berichtete, und der ihn bat, die Frau um den gleichen Dienst für ihn anzugehen. Er willigte ein, besuchte die Alte und sprach zu ihr:

»Ich habe einen Freund, der durch dich eine passende Frau bekommen möchte.«

»Das ist leicht«, erwiderte sie ihm. »Ich kenne eine, die durch wunderbare Schönheit ausgezeichnet ist und die den düstersten Kummer verscheucht. Indes nimmt sie das Gewerbe, das sie ausübt, die ganze Nacht in Anspruch, so daß sie mit deinem Freund nur tagsüber zusammen sein kann.«

»Das soll kein Hindernis sein«, antwortete er.

So führte sie das junge Mädchen zu dem Freund. Dieser war damit zufrieden und heiratete sie.

Indes dauerte es nicht lange, da erkannten die beiden Freunde, daß es sich bei den beiden Frauen, die sie durch Vermittlung der Alten geheiratet hatten, um ein und dieselbe Frau handelte.

Erkenne daraus, welcher Falschheit die Frauen fähig sind!

Man erzählt, daß eine verheiratete Frau mit Namen Bahia — blendende Schönheit — einen Liebhaber hatte, dessen Beziehungen zu ihr bald niemand verborgen blieben, was ihn nötigte, sich von ihr zu entfernen. Diese Trennung betrübte ihn dermaßen, daß er krank wurde vor Verlangen, sie wiederzusehen.

So ging er eines Tages zu einem Freund und sprach zu ihm:

»Mein Bruder, eine unbändige Leidenschaft hat sich meiner bemächtigt, und es ist mir unmöglich geworden, sie länger zu bezähmen. Könntest du mich nicht bei einem Besuch begleiten, den ich Baha, meiner Vielgeliebten, machen will?«

Der Freund sagte zu ihm, er stehe zu seiner Verfügung.

Den folgenden Tag stiegen sie zu Pferd und kamen nach zweitägiger Reise an dem Ort an, wo Bahia wohnte. Hier machten sie halt. Der Verliebte sagte zu seinem Freund:

»Suche die Leute auf und bitte sie um Gastfreundschaft, doch verrate keinesfalls etwas von unseren Geschäften und geh vor allem zur Dienerin Bahias, teile ihr mit, ich sei hier und bäte sie um eine Begegnung mit ihrer Herrin.« Dann beschrieb er die Dienerin.

Der Freund ging weg, traf die Dienerin und weihte sie

in die Angelegenheit ein. Jene begab sich zu Bahia und wiederholte ihr, was ihr soeben gesagt worden war.

Bahia ließ antworten: »Benachrichtige den, der dich geschickt hat, daß die Begegnung gleich diese Nacht stattfinden soll, bei dem und dem Baum, zu der und der Stunde.«

Der Freund kehrte zu dem Liebhaber zurück und ließ ihn wissen, was Bahia beschlossen hatte.

Zur bestimmten Stunde waren die beiden jungen Leute am Baum. Sie brauchten nicht lange zu warten, da erschien Bahia. Sobald ihr Liebhaber sie bemerkte, stand er auf, stürzte ihr entgegen, umarmte sie und drückte sie mit Küssen und Liebkosungen an seine Brust.

Der Liebhaber fragte sie: »Bahia, wüßtest du nicht Mittel und Wege, wie wir die Nacht hier zubringen könnten, ohne daß dein Gatte etwas Schlimmes argwöhnt?«

Sie erwiderte: »Bei Gott, wenn es dir Vergnügen macht, Mittel und Wege finden sich schon.«

»So teile sie mir schnell mit«, versetzte der Liebhaber.

Sie fragte ihn nun: »Ist dein Freund dir ergeben und ist er klug?«

»Gewiß«, erwiderte er. Jetzt stand sie auf, legte ihre Kleider ab und gab sie dem Freund, dieser gab ihr die seinigen und sie zog sie an, worauf sie ihn die ihrigen anziehen ließ. Erstaunt fragte sie der Liebhaber:

»Was hast du denn vor?«

»Sei still«, antwortete sie. Sich dann an den Freund wendend, gab sie ihm folgende Erklärungen:

»Geh in mein Haus und lege dich an meine Stelle. Mein Mann wird nach dem ersten Drittel der Nacht zu dir kommen, um dich nach dem Topf zum Melken der Kamelstuten zu fragen. Du sollst das Gefäß nicht in die Höhe heben, um es ihm in die Hand zu geben, sondern es in deinen Händen lassen, bis er es holt. Er wird sich alsdann zurückziehen, mit dem Topf voll Milch wiederkommen und zu dir sagen: ›Hier ist der Topf.‹ Doch nimm ihn erst, wenn er dies zweimal gesagt hat. Dann nimm ihm den Topf aus den Händen oder laß ihn diesen vielmehr selbst auf den Boden stellen. Du wirst ihn nun bis zum Morgen nicht mehr sehen. Steht der Topf auf der Erde und hat sich mein Mann entfernt, so trinke davon ein Drittel und stelle ihn dann wieder an seinen Platz.«

Der Freund ging weg, beachtete alle Anweisungen Bahias, und als ihr Mann mit dem Topf voll Milch kam, nahm er ihn erst, als der Mann zum zweitenmal wiederholt hatte: »Hier ist der Topf.« Unglücklicherweise aber zog er seine Hände vom Gefäß weg, als der Ehegatte es niederstellen wollte; dieser meinte, es werde gehalten, und ließ es los, so daß es zu Boden fiel und zerbrach. Der Mann, in der Meinung, zu seiner Frau zu sprechen, rief aus: »Bist du von Sinnen?« Dann nahm er einen Stock, schlug auf sie ein, bis er zerbrach, nahm einen zweiten und versetzte ihr Hieb auf Hieb, so daß er ihr fast das Kreuz einschlug. Die Mutter und Schwester Bahias kamen herbei, um sie den Händen des Rasenden zu entziehen, der wie von Sinnen war. Zum Glück gelang es ihnen, sie aus dem Zimmer zu führen. Die Mutter Bahias kehrte alsbald zurück, kam auf sie zu und redete auf sie ein. Der Freund konnte aber zu den vielen Worten nur schweigen und weinen.

Zum Schluß sagte die Mutter: »Vertraue Gott und gehorche deinem Mann. Dein Liebhaber kann jetzt nicht kommen, um dich zu trösten, doch will ich dir deine Schwester schicken, um dir Gesellschaft zu leisten.« Mit diesen Worten ging sie.

In der Tat schickte sie ihm die Schwester Bahias, die ihm reichlich Trost zusprach und den, der ihn geschlagen hatte, verwünschte. Sie weinte, und er hüllte sich in Schweigen. Er fühlte, wie sich sein Herz für sie erwärmte, denn seine Augen hatten ihm gesagt, daß sie von blendender Schönheit war, alle Vorzüge in sich vereinte und daß sie dem Vollmond glich in der Nacht. Er legte nun seine Hand auf ihren Mund, um sie am Sprechen zu hindern, und sprach: »Frau, ich bin nicht, wofür du mich hältst. Deine Schwester Bahia ist jetzt bei ihrem Freund, ich habe der Gefahr getrotzt, um ihr gefällig zu sein. Willst du mich nicht unter deinen Schutz nehmen? Zeigst du mich an, so wird deine Schwester der Schande ausgesetzt, ich selbst habe davon mein Teil, das Unheil falle aber auf euch zurück!«

Das junge Mädchen fing nun an zu zittern wie ein Zweig, indem es an die Folgen des Schrittes ihrer Schwester dachte, dann brach es in Gelächter aus und gab sich dem Freund hin, der sich so ergeben gezeigt hatte. So verbrachten sie den Rest der Nacht in Glückseligkeit. In ihren Armen vergaß er die erhaltenen Stockschläge, und erst der nahende Morgen setzte ihren Scherzen, ihren Umarmungen und Liebkosungen ein Ziel.

Nun brach er auf, um wieder zu seinem Gefährten zu kommen, und als Bahia ihn fragte, was sich zugetragen, antwortete er: »Frage deine Schwester! Bei Gott! Sie weiß alles. Laß dir bloß sagen, daß wir beiderseits die Nacht genossen in Küssen und Umarmungen bis auf diese Stunde.«

Dann tauschten sie wieder ihre Kleider, jeder nahm die seinen, und ausführlich berichtete der Freund Bahia das Erlebnis.

Erkenne daraus, welcher Falschheit die Frauen fähig sind!

Man erzählt von einem Manne, der alle Schliche und Listen, die die Frauen ersonnen haben, um die Männer zu hintergehen, sich zu eigen machte und so behauptete, keine vermöge ihn zu betrügen.

Eine äußerst schöne und reizvolle Frau erhielt hiervon Kenntnis. Sie bereitete nun zur Ausführung ihres Planes eine Mahlzeit, bei der mehrere Sorten Wein aufgetragen wurden, zu denen nichts fehlte an seltenen und ausgesuchten Gerichten. Dann schickte sie zu ihm und bat ihn, sie zu besuchen. Da sie als vollendete Schönheit bekannt war, hatte sie seine Sinne bereits einmal erregt, und er beeilte sich, ihrer Einladung zu folgen.

Sie hatte ihre schönsten Gewänder angelegt und strömte die lieblichsten Wohlgerüche aus, ein Anblick, der sicher jeden in Verwirrung gestürzt hätte. So ward auch er, als er vor sie trat, von ihren Reizen berückt und hingerissen von ihrer Schönheit.

Indes war die Frau befangen wegen ihres Mannes und ließ die Angst durchblicken, er könnte zufällig jeden Augenblick zurückkehren, wobei zu bemerken ist, daß er sehr stolz, sehr eifersüchtig und sehr gewalttätig war, so daß er ohne Zaudern das Blut dessen vergossen hätte, den er um sein Haus streifend angetroffen hätte. Was hätte er da erst dem angetan, den er drinnen in seinem Haus ertappt hätte!

Während nun die Frau und ihr Gast sich zerstreuten, wurde plötzlich an die Haustür geklopft. Sofort wurde das Herz des Liebhabers von Furcht und Unruhe erfüllt, zumal die Frau ausrief:

»Es ist mein Mann, der zurückkehrt.«

Zitternd verbarg sie ihn in einem Schrank, der im Zimmer stand, schloß die Tür hinter ihm und öffnete dann die Pforte.

Ihr Mann, denn er war es, sah beim Eintreten den Wein und alle Vorbereitungen, die sie getroffen hatte. Überrascht fragte er, was das zu bedeuten habe.

»Das, was du siehst«, antwortete sie.

»Doch wem gilt dies?« versetzte er.

»Meinem Liebhaber, den ich hier habe.«

»Wo ist er denn?«

»In diesem Schrank«, sagte sie, mit dem Finger dorthin zeigend, wo der arme Sünder eingeschlossen war.

Das Herz des Ehemannes schnürte sich bei diesen Worten zusammen. Er stand auf, ging auf den Schrank zu, fand indes die Tür verschlossen.

»Wo ist der Schlüssel?« fragte er. Mit den Worten: »Hier ist er«, warf sie ihm den Schlüssel zu. Doch als er ihn ins Schloß steckte, brach sie in ein schallendes Gelächter aus. Sich zu ihr wendend, sagte er:

»Worüber lachst du?«

»Ich lache«, versetzte sie, »über deine schwache Urteilskraft, über deine geringe Vernunft und Überlegung. Mensch, der du nicht zu unterscheiden vermagst, glaubst du denn, wenn ich wirklich einen Liebhaber hätte, den ich ins Zimmer hereingelassen, so hätte ich dir verraten, wo er sich aufhält, und den Ort angegeben, wohin er sich geflüchtet? Nein, das ist doch undenkbar. Ich hatte nichts anderes im Sinn, als dir bei deiner Heimkehr mit einem Mahl aufzuwarten, und wollte mir einfach einen Scherz mit dir machen. Hätte ich einen Liebhaber gehabt, bei Gott, ich hätte ihn dir nicht anvertraut!«

Der Mann ließ nun den Schlüssel im Schrankschloß stecken, ohne es zu öffnen, kam zur Tafel zurück, auf der das Mahl bereitet war, und sagte:

»Wahrhaftig, ich habe nicht den geringsten Zweifel an der Aufrichtigkeit deiner Worte.«

Nun aßen und tranken sie zusammen und genossen dann die Freuden der Liebe.

Bis zum Weggang des Gatten mußte der Mann im Schrank bleiben. Dann befreite ihn die Frau, fand ihn verstört und seine Kleider mit Unrat beschmutzt. Als er heraustrat, der drohenden Gefahr entronnen, sprach sie zu ihm:

»Nun, du Kenner der weiblichen Listen, unter allen, die du dir zu eigen gemacht, kann sich eine mit dieser da vergleichen?«

»Jetzt bin ich überzeugt«, antwortete er, »daß eure Listen unerschöpflich sind.«

Erlerne daraus, welcher Falschheit die Frauen fähig sind!

Man erzählt, daß eine Frau, die mit einem Mann von heftigem, rohem Charakter verheiratet war, ihren Liebhaber gerade noch unter dem Bett verbergen konnte, als ihr Mann unerwartet von der Reise zurückkam. Sie war gezwungen, ihn in dieser gefährlichen, unangenehmen Lage zu lassen, denn es fiel ihr kein Ausweg ein, ihn aus dem Haus herauszubefördern. Sie ging vor die Tür auf die Straße, als eine ihrer Nachbarinnen sie bemerkte und sie fragte, was sie habe. Sie vertraute ihr an, was ihr begegnet war, und erhielt folgende Antwort:

»Kehre nach Haus zurück. Ich übernehme die Rettung deines Liebhabers und verspreche dir, daß er gesund und wohl aus dem Haus kommt.«

Sie ging also heim, und die Nachbarin kam alsbald zu ihr. Sie richteten gemeinsam Speise und Trank und alle begannen zu essen und zu trinken. Die Frau saß vor ihrem Mann, und die Nachbarin dem Bett gegenüber. Diese erzählte nun Geschichten und Anekdoten über Frauenlist, und der Liebhaber unter dem Bett hörte alles, was gesprochen wurde.

Die Nachbarin fuhr mit ihren Geschichten fort und kam zur folgenden:

»Eine verheiratete Frau hatte einen Liebhaber, den sie zärtlich liebte und von dem sie nicht minder geliebt wurde. Eines Tages, als ihr Mann abwesend war, besuchte sie ihr Liebhaber. Nun begab es sich, daß der Ehemann unvermutet in dem Augenblick heim kam, als der Liebhaber mit der Frau zusammen war. Da diese keinen besseren Ort fand, ihn zu verbergen, so hieß sie ihn, sich unter das Bett zu legen, dann setzte sie sich neben ihren Mann, der einige Erfrischungen nahm, und leistete ihm mit Scherz und Spiel Gesellschaft. Mitten im Spiel nahm sie ein Tuch und verband ihm die Augen. Der Liebhaber nahm die Gelegenheit wahr, unter dem Bett hervorzuschlüpfen und zu entrinnen, ohne daß der Ehegatte ihn sah.«

Die Frau, vor der diese Geschichte erzählt wurde, verstand, welche Nutzanwendung sie daraus zu ziehen hatte; sie nahm ein Tuch, verband damit ihrem Gatten die Augen und sagte dazu:

»Mit dieser List konnte der Liebhaber entwischen, ohne vom Gatten gesehen zu werden.«

Der Liebhaber benutzte in der Tat diesen Augenblick. Es gelang ihm, unter dem Bett herauszukommen und zu entwischen, ohne daß der Ehemann es bemerkte. Statt zu ahnen, was vorfiel, lachte dieser vielmehr über all die Geschichten, und seine gute Laune steigerte sich sogar noch bei den letzten Worten seiner Frau und den Gesten, mit denen sie diese begleitet hatte.

Erlerne daraus, welcher Ränke die Frauen fähig sind!

Zwölftes Kapitel

Über verschiedene Dinge, deren Kenntnis für Männer und Frauen nützlich ist

Wisse, Vezir — Gott sei dir barmherzig! —, daß die in diesem Kapitel enthaltenen Aufschlüsse von größtem Nutzen sind; nur in diesem Werk sind sie zu finden. Und wahrlich, das Wissen der Dinge ist dem Nichtwissen vorzuziehen. Alles Wissen kann schlecht sein, allein das Nichtwissen ist es noch mehr.

Die Wissenschaft, um die es sich handelt, betrifft Kenntnisse, die dir unbekannt sind und die die Frau betreffen.

Es lebte einst eine Frau mit Namen Moârbeda, die dafür bekannt war, daß sie das höchste Wissen und die höchste Weisheit ihres Zeitalters in sich vereinte. Es war eine Philosophin. Eines Tages legte man ihr verschiedene Fragen vor, unter anderen die folgenden, die sie in nachstehender Weise beantwortete.

»Wo befindet sich bei der Frau der Sitz des Geistes?«

»Unterhalb des Gürtels«, antwortete sie.

»Und der Sitz der Wollust?«

»An derselben Stelle.«

»Und der Sitz der Liebe und des Hasses zu den Männern?«

»Nahe dabei«, sagte sie und fügte hinzu:

»Wen wir lieben, dem schenken wir unseren Körper, und wen wir verwünschen, den halten wir von ihm fern. Mit dem, den wir lieben, teilen wir unser Gut oder wir begnügen uns mit dem wenigen, was er uns zu schenken vermag; hat er kein Vermögen, so nehmen wir ihn so, wie er ist. Den aber, den wir hassen, halten wir von uns fern und böte er uns selbst alle Güter und Reichtümer der Erde.«

»Wo haben bei der Frau das Bewußtsein, die Liebe und der Geschmack ihren Sitz?«

»Im Auge, im Herzen und unterhalb des Gürtels.«

Als man sie schließlich um eine Erklärung bat, antwortete sie:

»Das Bewußtsein hat seinen Sitz im Auge, da es das Auge der Frau ist, das die Schönheit der Formen und die äußeren Vorzüge zu schätzen weiß. Durch Vermittlung dieses Organs dringt die Liebe zum Herzen, und hat sie davon Besitz ergriffen, so bleibt sie darin und unterwirft es sich. Die so verliebt gewordene Frau verfolgt den Gegenstand ihrer Liebe und stellt ihm Fallen. Hat sie Glück gehabt, so ergibt sich eine Begegnung des Gegenstandes ihrer Liebe mit ihrem Körper. In der Tat ist es ihr Körper, der das Gute vom Bösen zu unterscheiden weiß.«

»Welche Frauen lieben am meisten die Vereinigung und welche verabscheuen sie? Welche Männer bevorzugen die Frauen und welche weisen sie ab?«

»Nicht bei allen Frauen«, antwortete sie, »ist der Körper gleich geformt, auch unterscheiden sie sich in der

Art des Liebesgenusses sowie in den Dingen, die sie schätzen und verwerfen. Dieselben Unterschiede bestehen bei den Männern, sowohl hinsichtlich der Gestaltung ihrer Organe als hinsichtlich ihres Geschmacks.

Die sehr beleibte Frau, deren Gebärmutter wenig tief gelagert ist, schätzt ein zugleich kurzes und dickes Glied, das vollständig ihren Schoß ausfüllt, ohne indessen ihren Grund zu erreichen; denn wäre das Glied dick und lang, so könnte sie es nicht aushalten. Die Frau, deren Gebärmutter weit vom Mund ihres Schoßes entfernt und die folglich tief ist, liebt nur ein Glied, das in Länge und Dicke die stärksten Verhältnisse aufweist, so daß es ihren Schoß in allen Teilen ausfüllt; unbarmherzig weist sie einen Mann zurück mit kleinem und dünnem Glied, denn ein solcher vermag sie unmöglich bei der Vereinigung zu befriedigen.

Man unterscheidet bei den Frauen folgende Temperamente: das gallige, das melancholische, das sanguinische, das phlegmatische und das gemischte. Die Frauen mit galligem und melancholischem Temperament sind für die Liebe nicht sehr eingenommen und nur Männer gleichen Temperaments sagen ihnen zu. Frauen mit sanguinischem oder phlegmatischem Temperament haben einen außerordentlichen Hang zur Liebe, und begegnen sie einem kräftigen Mann, so lassen sie ihn am liebsten überhaupt nicht mehr fort. So schätzen sie auch nur die Männer von gleichem Temperament, und wäre eine solche Frau mit einem galligen oder melancholischen Mann verheiratet, so führten sie zusammen ein elendes Dasein. Was die gemischten Temperamente betrifft, so besteht bei ihnen keine ausgesprochene Vorliebe oder Abneigung für und gegen die Liebe.

Man hat beobachtet, daß die kleinen Frauen unter allen Umständen die Vereinigung mehr lieben, als die Frauen von großem Wuchs. Nur ein kräftiger Mann sagt

ihnen zu: in einem solchen finden sie die höchste Lust ihres Daseins.

Es gibt auch Frauen, die die Vereinigung nur am Rand ihres Schoßes lieben. Wenn daher der Mann sich auf sie ausstreckt, um sich mit ihr zu vereinen, und sein Glied in ihren Schoß einführen will, so ziehen sie es sofort mit der Hand zurück und versetzen es zwischen ihre Schenkel.«

(Ich habe allen Anlaß anzunehmen, daß dies nur bei jungen Mädchen zutrifft oder bei Frauen, die noch nicht an den Mann gewöhnt sind. Ich bitte zu Gott, er möge uns vor den mit einem solchen Mangel Belasteten bewahren, nicht minder vor solchen, denen die Annäherung des Mannes untersagt ist oder die sich ihm unmöglich hingeben können.)

»Unter den Frauen gibt es welche, die ihren Männern nur dann gehorchen und ihnen nur dann zu Willen sind und ihnen Wollust verschaffen, wenn sie geschlagen und schlecht behandelt werden. Manche Leute schreiben diese Veranlagung der Abneigung zu, die jene, sei es gegen die Liebe, sei es gegen ihren Mann, empfinden, indes mit Unrecht, denn in Wirklichkeit handelt es sich hier um eine Frage des Temperaments und Charakters.

Weiters gibt es unter den Frauen welche, die gleichgültig gegenüber der Liebe sind, da all ihre Gedanken auf die Herrlichkeiten dieser Welt gerichtet sind, auf persönliche Ehren, auf ehrgeizige Absichten oder auf geschäftliche Sorgen. Wieder bei anderen beruht die Gleichgültigkeit auf der Reinheit ihres Herzens oder auf tiefen Bekümmernissen. Jede solche geistige Voreingenommenheit vertreibt die geschlechtliche Lust in gleicher Weise aus dem Herzen des Mannes wie der Frau. Auch hängt die Lust, die sie bei der Vereinigung verspüren, nicht bloß von dem Maß des männlichen Gliedes ab, sondern auch von der besonderen Gestaltung ihrer

Geschlechtsorgane. Unter diesen ist hinsichtlich der Form *el mortebâ*, die Viereckige, oder *el mortafâ*, die Vorspringende, zu erwähnen. Ein solcher Schoß besitzt die Eigentümlichkeit, daß er, wenn die Frau die Schenkel zusammendrückt, über diese nach allen Seiten hin hervortritt. Er brennt nach dem Liebesgenuß, seine Spalte ist eng, und man nennt ihn auch *el keulihimi*, die Gepreßte. In der Tat, die Frau, die dies besitzt, schätzt nur ein dickes männliches Glied, das dazu nicht auf sich warten läßt. So ist übrigens der allgemeine Charakter der Frauen. Was den Geschmack der Männer an der Vereinigung betrifft, so ist zu sagen, daß er mehr oder weniger verschieden ist, je nach ihren verschiedenen Temperamenten, deren man fünf unterscheidet, eben wie bei den Frauen, nur mit dem Unterschied, daß deren Verlangen nach dem männlichen Glied größer ist als das des Mannes nach dem weiblichen Schoß.«

»Worin bestehen die Fehler der Frauen?«

Auf diese Frage antwortete Moârbeda wie folgt:

»Die schlechteste Frau ist die, die sich laut darüber aufregt, wenn ihr Mann ihr Vermögen für die Bedürfnisse seines Lebens angreifen will. Auf die gleiche Stufe ist die zu stellen, die eilig Dinge verbreitet, die ihr Mann geheimhalten will.«

»Gibt es noch andere?« fragte man sie. Darauf erwiderte sie:

»Die Frau, die einen sehr eifersüchtigen Charakter hat, und mit ihrer Stimme den Mann übertönen will; die Frau, die Lärm macht, ein saures Gesicht zieht, von dem Verlangen erfüllt ist, ihre Schönheit die Männer sehen zu lassen und nicht zu Hause bleiben kann. Zu dieser Gattung will ich bemerken, daß eine Frau, die viel lacht und sich beständig außerhalb des Hauses aufhält, getrost für eine Hure gehalten werden kann.

Weiter sind die Frauen schlecht zu nennen, die sich

mit den Angelegenheiten anderer befassen, die ihr Leben mit Klagen verbringen, die das Gut ihres Mannes stehlen, die von Natur ein unangenehmes oder heftiges Temperament haben oder die gegenüber empfangenen Wohltaten wenig dankbar sind, die sich vom Ehebett entfernen; die auf Betrug, Verrat, Verleumdung und List sinnen.

Es gibt noch welche, die keine glückliche Hand in ihren Unternehmungen haben; andere wieder sind immer auf Tadel und Verrat aus; andere fordern den Mann zur Erfüllung der ehelichen Pflicht nur auf, wenn es ihnen selbst paßt; andere machen im Bett Lärm; endlich sind welche unverschämt, dumm, geschwätzig und neugierig.

Dies wären so die schlechtesten unter den Frauen!«

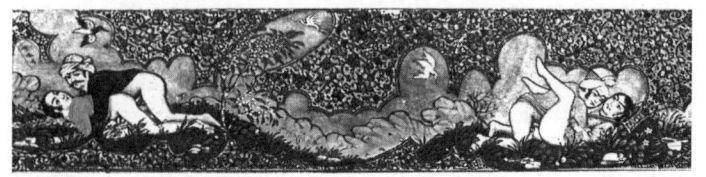

Dreizehntes Kapitel

Die Ursachen des Genusses beim Vollzug der Liebe

Wisse, o Vezir — Gott sei dir barmherzig! —, daß es sechs Gründe gibt, welche die Leidenschaft für die Vereinigung entwickeln; nämlich: das Feuer einer heißen Liebe, der Samenüberfluß, die Nähe des geliebten Gegenstandes, dessen Besitz man heiß ersehnte, die Schönheit des Gesichts, eine passende Ernährung und die Berührung.

Laß dir auch sagen, daß die Ursachen der Liebesfreuden und die Bedingungen der Wollust zahlreich sind; die hauptsächlichen und besten sind aber: die Wärme des weiblichen Schoßes, seine Enge, seine Trockenheit und sein guter Geruch. Fehlt zufällig eine dieser Bedingungen, so ist zu gleicher Zeit die Wollust nicht vollkommen. In der Tat stumpft die Feuchtigkeit des Schoßes die Nerven ab, die Kühle nimmt ihm jede Kraft, der üble Geruch endlich und die große Weite sind der Lust stark hinderlich.

Die höchste Wollust, die ihre Quelle in der ungestümen und reichlichen Ergießung des Samens hat, hängt von einem Umstand ab: von der unumgänglichen Notwendigkeit, daß der weibliche Schoß mit einer Saugpumpe — der Öffnung der Gebärmutter — versehen ist, denn diese klammert sich an das männliche Glied und zieht den Samen an sich durch ihre unwiderstehliche Anziehungskraft. Ist einmal sein Glied von der Öffnung erfaßt, so vermag der Mann den Samenerguß nicht mehr zu verhindern, denn wenn die Öffnung sich des Kopfes des gegen sie vorrückenden männlichen Gliedes bemächtigen kann, so läßt sie es bestimmt nicht eher los, als bis sie ihm allen Samen entzogen hat, und wenn die Wollust sich beim Mann einstellt, ohne daß dieses Ergreifen des Gliedes stattgefunden hat, dann läßt seine Ergießung zu wünschen übrig.

Weiter mußt du wissen, o Vezir, daß es acht Dinge gibt, die Kraft zur Liebe verleihen und sie begünstigen: Es sind: körperliche Gesundheit, Freisein des Herzens von allem Kummer, Fernhalten jeder intensiven Geistestätigkeit, eine heitere, ausgelassene Stimmung, eine gute Ernährung, Reichtümer, die Verschiedenheit in den Gesichtern der Frauen, und die Verschiedenheit ihrer Gesichtsfarbe.

Willst du Kraft zur Liebe erwerben, so nimm Früchte des Mastixbaumes — derou —, zermalme sie und verdünne sie mit Öl und Honig, dessen Schaum abgenommen wurde, dann nimm das Ganze nüchtern: so wirst du stark und ausdauernd werden und es wird sich reichlich Samen bei dir bilden.

Den gleichen Erfolg erzielt man, wenn man den männlichen Körper und den weiblichen Körper mit Galle des Schakals einreibt. Diese Einreibung verleiht eine erhöhte Kraft.

Ein Gelehrter namens Djeinouss hat gesagt: »Wer sich zu schwach zur Liebe fühlt, soll vor seinem Schlaf ein Glas sehr dicken Honig trinken, sowie zwanzig Mandeln und hundert Fichtenkörner essen. Diese Verordnung soll er drei Tage befolgen. Er kann auch Zwiebelsamen zerstoßen, ihn alsdann durchsieben und unter Umrühren mit Honig vermischen. Diese Mischung ist nüchtern zu nehmen.«

Der Mann, der sich zur Liebe kräftigen will, kann auch Fett vom Höcker des Kamels auslassen und sich damit den Körper vor der Vereinigung einreiben: es wird ihn wunderbar kräftigen, und die geliebte Frau wird sich nicht beklagen können.

Willst du die Liebesfähigkeit noch mehr steigern, so kaue etwas Kubebenpfeffer oder Kardamonumsamen der großen Sorte und bringe ein gewisses Quantum, das du zerkaut hast, auf deinen Körper. So wirst du einen unvergleichlichen Genuß haben. Salbe von Judes- oder Mekkapalmen hat eine ähnliche Wirkung.

Willst du dich außerordentlich kräftig machen, so zerstoße sorgfältig Pyrethrum mit Ingwer, mische und zerstoße gelind mit Narzissenblüten, dann reibe dir mit dieser Mischung den Unterleib, beide Hoden und das Glied ein. So wirst du feurig werden.

Auch dann wirst du für den Liebesakt gut vorbereitet sein, du wirst deine Samenmenge beträchtlich vermehren, du wirst stark zur Vereinigung werden und die kräftige Aufrichtung verschaffen, wenn du Chrysocolla von der Größe eines Senfkorns ißt. Du wirst durch Gebrauch dieses Mittels in eine außerordentliche Erregung geraten, und deine Fähigkeiten, die Vereinigung auszuüben, werden sich ungemein steigern.

Willst du die Liebesglut der Frau sehr steigern, so nimm etwas Kubebe, Pyrethrum, Ingwer und Zimtrinde und kaue es im Augenblick, in dem du sie liebkosen

willst; sodann reibe dein Glied mit deinem Speichel ein und vollziehe die Vereinigung mit ihr. Von dem Augenblick an wird die Frau in solche Leidenschaft geraten, daß sie dich keinen Augenblick mehr loslassen wird.

Reibt man das männliche Glied mit Eselsmilch, so wird es unvergleichliche Kraft gewinnen.

Wenn man grüne Erbsen mit Zwiebeln sorgfältig zusammen kocht, dann diese Mischung mit gepulvertem Zimt, Ingwer und Kardamomsamen bestreut und hiervon ißt, so wird die Liebesglut sich außerordentlich steigern und man wird sehr kräftig werden.

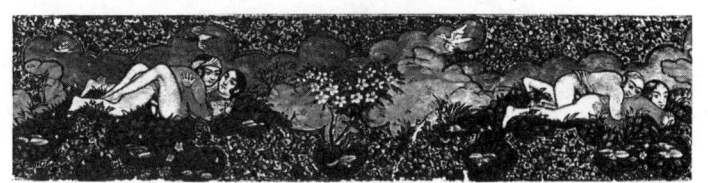

Vierzehntes Kapitel

Beschreibung der Heilung unfruchtbarer Frauen

Wisse, Vezir — Gott mache dich barmherzig —, daß die ärztlichen Gelehrten hier in ein Meer von Schwierigkeiten und Verlegenheiten geraten sind. Jeder hat die Sache anders angesehen, die Ansichten darüber sind zahlreich, und die ganze Angelegenheit ist voll von Zweifeln.

Unter den Ursachen, die die weibliche Unfruchtbarkeit begründen, sind zu nennen: die Verstopfung des Uterus mit geronnenem Blut, die Anhäufung des weiblichen Wassers, das Fehlen der Zeugungsfähigkeit, fehlerhafter Bau der männlichen Organe, innere Uteruskrankheiten, Stockung in der Menstruation, ständige Windansammlung in der Gebärmutter. Andere wieder führen die weibliche Unfruchtbarkeit auf einen bösen Geist und auf Verzauberung zurück. Unfruchtbarkeit zeigt sich auch bei den beleibten Frauen, deren Uterus durch ihre Beleibtheit zusammengedrückt ist, so daß sie den männlichen Samen nicht aufnehmen kann, besonders wenn das Glied des Mannes kurz und seine beiden Hoden sehr fett sind.

Eines der Heilmittel zur Bekämpfung der weiblichen Unfruchtbarkeit besteht im Gebrauch von Mark aus dem Kamelhöcker, das die Frau in ein Stück Leinwand tut, und mit dem sie sich einreibt, wenn ihre Menstruation vorüber ist. Zur Vervollständigung der Verordnung nehme sie einige Früchte der sogenannten Schakaltraube, drücke den Saft hieraus in ein Gefäß, füge etwas Essig bei und trinke von diesem Heilmittel nüchtern sieben Tage lang.

Während dieser Zeit soll der Mann der Vereinigung obliegen.

Die Frau kann außerdem eine kleine Menge Sesamsamen zerstoßen, bis der Saft austritt, diesen mit Pulver aus Wacholderharz, soviel wie eine Bohne, vermischen und hiervor drei Tage lang trinken, wenn die Menstruation vorüber ist. Dann ist sie fähig, ein Kind zu empfangen.

Das erste dieser Getränke ist für sich allein an erster Stelle zu nehmen, alsdann das zweite, das eine heilsame Wirkung ausüben wird, wenn es Gott gefällt.

Es gibt noch ein anderes Mittel. Man stelle ein Gemisch her aus Salpeter, aus Schaf- oder Kuhgalle, aus einer kleinen Menge der el meusk genannten Pflanze und aus dem Samen dieser Pflanze. In dies Gemenge taucht die Frau ein zartes Wollbäuschchen und reibt sich damit ein; alsdann empfängt sie die Umarmungen ihres Gatten und wird schwanger, wenn es dem hohen Gott beliebt.

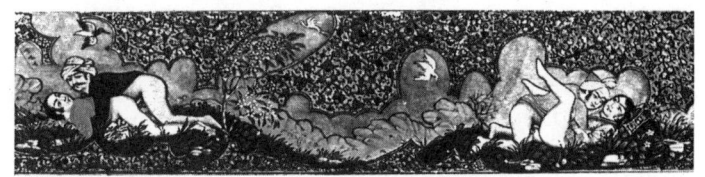

Fünfzehntes Kapitel

Über die Ursachen
der Impotenz bei Männern

Wisse, mein Vezir — Gott sei dir barmherzig! —, es gibt Männer, denen die Manneskraft verlorenging infolge angeborener Fehlerhaftigkeit ihrer Körperanlage, infolge organischer Erkrankungen, eitriger Ausflüsse sowie Fiebererscheinungen. Es gibt auch mißgebildete Männer, die wegen eines körperlichen Gebrechens niemals eine Frau lieben können, zum Beispiel wenn der Harngang nach unten ausmündet. Diese Mißbildung hat zur Folge, daß die Samenflüssigkeit im Moment der Ergießung nicht nach vorn geschleudert wird, sondern nach unten fällt.

Andere wieder haben ein zu kurzes und zu kleines Glied, um den Mutterhals zu erreichen, oder sie haben Blasengeschwüre oder Schwächezustände, die sie in der Ausübung der Liebe behindern.

Endlich gibt es Männer, bei denen der Höhepunkt sich früher als bei der Frau einstellt, so daß die beiden

Ergießungen nicht gleichzeitig eintreten; in solch einem Fall ist keine Empfängnis möglich.

All diese Umstände erklären, warum die Frauen so selten empfangen, doch die häufigste von allen Ursachen sind körperliche Mißbildungen des Mannes. Als Ursache der Impotenz wäre noch der schroffe Übergang von der Wärme in die Kälte und umgekehrt zu nennen und viele ähnliche Ursachen.

Aussicht auf Heilung haben die, deren Impotenz auf einer natürlichen Veranlagung der Zeugungsunfähigkeit oder auf organischen Erkrankungen oder Ausflüssen oder fieberhaften Zuständen und ähnlichen Übeln beruht. Sie sollen anregende Pasteten essen, die man würzt mit Honig, Ingwer, Pyrethrum, Essigsirup, Nieswurz, Knoblauch, Zimt, Muskatnuß, Kardamom, Sperlingzungen, chinesischem Zimt, langem Pfeffer und anderen Gewürzen. So werden sie geheilt werden.

Was die anderen Übel betrifft, die wir anführten, Mißbildungen, Blasengeschwüre und Schwächezustände, so vermag nur Gott sie zu heilen.

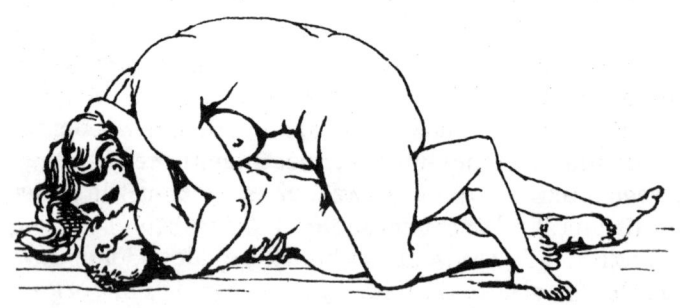

Sechzehntes Kapitel

Über Mittel,
die eine Fehlgeburt bewirken

Wisse, o Vezir — Gott erweise dir Gnade! —, daß es Mittel ohne Zahl gibt, die zu einem Abgang der Leibesfrucht und zu einer Fehlgeburt führen. Ich will jedoch nur jene davon angeben, bei denen ich selbst die Probe gesehen habe und die ich daher wegen ihrer Wirksamkeit empfehlen kann; ein jeder mag dann selbst entscheiden, was er für nützlich und was er für schädlich hält.

Zuerst ist auf die Krappwurzel zu verweisen. Man kann sie frisch, also gleich nach dem Ausgraben, verwenden, oder aber getrocknet; dann muß sie zerrieben und angefeuchtet werden, um den Samen des Mannes oder die Leibesfrucht der Frau abzutöten, einen Abgang zu bewirken und die Rückkehr der monatlichen Blutung herbeizuführen, vorausgesetzt, sie ist in den Schoß gebracht worden. Kocht man die Pflanze ab und nimmt die betreffende Frau den Sud nüchtern ein, so läßt sich derselbe Zweck erreichen.

Eine Fehlgeburt läßt sich auch bewirken, wenn man den Rauch verbrannten Kohlsamens durch ein Rohr in den Schoß einleitet.

Eine andere Methode beruht auf der Verwendung von Alaun. Ist er zu Pulver zerrieben, kann man ihn in den Schoß bringen oder vor der Vereinigung auf das Glied des Mannes streuen; damit wird die Empfängnis verhindert, denn es ist dem Samen nicht möglich, bis in die Gebärmutter zu gelangen, weil der Alaun aufgrund seiner Beschaffenheit den Schoß der Frau austrocknet und zusammenzieht. Benützt man den Alaun aber allzu oft auf diese Weise, kann die Frau für alle Zeit unfruchtbar werden.

Bestreicht der Mann sein Glied kurz vor der Vereinigung mit Pflanzenteer, verliert sein Samen die Fähigkeit zur Zeugung. Das ist zweifellos das stärkste dieser Mittel; wenn eine Frau im Lauf einer Schwangerschaft öfters etwas davon in ihren Schoß bringt, wird sie unfruchtbar und wird das Kind tot zur Welt bringen.

Nimmt eine Frau ein mitskal Lorbeerwasser, vermengt mit einer Prise Pfeffer, ein, treibt dies die monatliche Blutung an und reinigt die Gebärmutter von geronnenem Blut. Trinkt sie dieses Mittel während einer Schwangerschaft, wird die Leibesfrucht dadurch ausgestoßen; nach der Geburt eines Kindes kann das genannte Mittel zur Entfernung der Nachgeburt und anderer schädlicher Substanzen aus der Gebärmutter verwendet werden.

Trinkt eine Frau einen Sud von Zimt und roter Myrrhe und spült sie ihren Schoß damit aus, wird ihre Leibesfrucht ausgestoßen — wenn Gott, der Höchste, es will.

Stirbt die Leibesfrucht im Mutterleib ab, kann sie durch einen Sud aus gelbem Goldlack ausgestoßen werden — falls Gott der Höchste es will.

Sämtliche Mittel, die ich aufgeführt habe, sind erprobt und ihre Wirksamkeit ist gewährleistet.

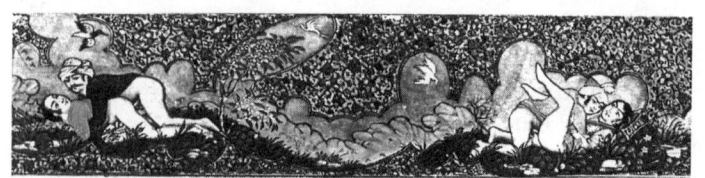

Siebzehntes Kapitel

Die Gründe für vorübergehende Impotenz beim Mann

Wisse, o Vezir — Gott sei dir barmherzig! —, daß die Impotenz von drei Ursachen stammt: aus der Verknüpfung der Schnüre, aus einem schwachen und weichlichen Temperament und aus einer zu sehr beschleunigten Ergießung.

Zur Heilung der Verknüpfung der Schnüre muß man Galagana, Zimt aus Mekka, Gewürznelke, indischen Cachou, Muskatnuß, indische Kubebe, Sperlingszunge, Zimt, persischen Pfeffer, indische Distel, Kardamom, Pyrethrum, Lorbeersamen und Levkoienblumen nehmen.

All diese Stoffe zerstampft man sorgfältig und nimmt davon, soviel man kann, morgens und abends in Taubenbrühe; auch Hühnerbrühe kann ohne Nachteil hierzu verwandt werden. Vor- und nachher muß man Wasser trinken. Auch mit Honig kann man diese Mischung nehmen; es ist die beste und wirksamste Methode.

Wer an einer zu frühen Ergießung leidet, soll Muskatnuß und Weihrauch — *oliban* — einnehmen, woraus er eine Mischung unter Zusatz von Honig macht.

Ist die Impotenz durch Schwäche verursacht, so muß man in Honig Pyrethrum, Brennesselsamen, etwas Wolfsmilch, grünen Ingwer, Mekkazimt und Kardamom essen. Diese Verordnung läßt die Schwäche verschwinden und führt zur Heilung unter dem Beistand des allerhöchsten Gottes!

Ich kann für die Wirksamkeit all dieser Medikamente einstehen, da sie erprobt wurde.

Die Unmöglichkeit, die Vereinigung aus mangelnder Steifheit des Gliedes zu vollziehen, hat andere Ursachen. Es kommt zum Beispiel vor, daß ein Mann, dessen Glied aufgerichtet ist, es schlaff werden sieht im Augenblick, in dem er es zwischen die Schenkel der Frau bringen will. Er schreibt es einer Impotenz zu, während es zurückzuführen ist entweder auf ein Gefühl übertriebener Achtung für diese Frau oder auf unangebrachte Scham, oder auf das Ansehen eines unangenehmen Gegenstandes, oder auf den Eindruck eines schlechten Geruches, oder schließlich auf die Empfindung der Eifersucht, die durch die Erwägung eingegeben wurde, daß die Frau nicht mehr Jungfrau ist und schon anderer Männer Lust gestillt hat.

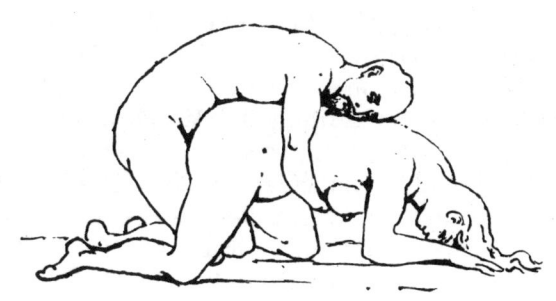

ACHTZEHNTES KAPITEL

Wie man ein kleines Glied vergrößert und ansehnlicher macht

Wisse, o Vezir — Gott sei dir barmherzig! —, dieses Kapitel, das die Größe des männlichen Gliedes behandelt, ist von größter Wichtigkeit für Männer wie Frauen. Für die Männer, da von einem starken Glied für sie die Zuneigung und Liebe der Frauen abhängt, und für die Frauen, weil sie mit einem solchen Glied ihre Liebesglut stillen und sich die höchste Wollust verschaffen. Den Beweis für diese Tatsache finden wir darin, daß viele Männer, nur weil sie ein zu kleines Glied haben, seitens der Frauen ein Gegenstand der Abneigung hinsichtlich der Vereinigung sind; die gleiche Abneigung bringen sie denen entgegen, deren Glied weich, schwach oder schlaff ist. Ihr einziges Glück beruht in einem starken und kräftigen Glied.

Hat also einer ein kleines Glied, das er prächtig gestalten oder für die Vereinigung kräftigen will, so möge er es vor der Vereinigung mit lauem Wasser einreiben, bis es rot wird und durch den infolge der Wärme entwickelten Blutzufluß genügend aufschwillt; dann möge er es mit Honig und eingemachtem Ingwer bestreichen und kräftig reiben. Ist es soweit, so möge er sich der Frau nähern. Auf diese Weise wird er ihr eine solche Wollust verschaffen, daß sie ihn nicht mehr von sich lassen wird.

Ein anderes Mittel besteht darin, ein mäßiges Quantum Pfeffer, Lavendelkraut, Galanga und Bisam zu nehmen, es zu Pulver zu verreiben und durch ein Haarsieb zu sieben und dann mit Honig und eingemachtem Ingwer zu mischen. Das Glied ist zuerst mit lauem Wasser und hierauf mit dieser Mischung kräftig einzureiben. Ist es so dick und fleischig geworden, so wird es der Frau ein wunderbares Gefühl der Wollust vermitteln.

Ein drittes Mittel besteht darin, sich das Glied mit lauem Wasser zu reiben, bis es rot und aufgerichtet geworden ist. Nun versieht man sich mit einem Stück dünnen und weichen Leders, auf das man warmes Pech bringt und womit man das Glied einwickelt. Dieses wird unter dem Einfluß dieser Mittel bald sein vor Leidenschaft bebendes Haupt erheben. Das Leder läßt man so lange daran, bis das Pech erkaltet und das Glied sich wieder beruhigt hat. Wiederholt man dies Verfahren mehrere Male, so wird das Glied stark und dick geworden sein.

Ein viertes Mittel beruht auf der Anwendung einer genügenden Menge Blutegel, jedoch von solchen, die im Wasser leben. Man bringt davon in eine Flasche, soviel sie davon halten kann, und füllt sie mit Öl. Dann setzt man sie der Sonne aus, bis sich das Ganze infolge der Wärme vollständig vermischt hat. Nun nimmt man von dem darin enthaltenen Öl und reibt sich damit das Glied mehrere Tage hintereinander ein. Infolge dieses

Verfahrens kommt es zu einer stattlichen Größe und zu bedeutendem Umfang.

Als ein weiteres Verfahren empfehle ich den Gebrauch eines Eselsgliedes. Man verschaffe sich das Glied eines Esels, füge Zwiebeln dazu und koche diese Mischung mit einer erheblichen Menge Getreide. Damit füttere man Hühner und verspeise sie dann. Man kann auch die Rute des Esels in Öl einweichen, sich damit das Glied bestreichen und dann von der Flüssigkeit trinken.

Weiter kann man Blutegel mit Öl zerstoßen und sich mit dieser Salbe das Glied einreiben, oder auch, wenn man dies vorzieht, sie in eine Flasche bringen, die man in warmen Mist eingräbt, bis sie eine einzige Masse bilden, so daß sie eine Art Liniment darstellen, mit dem man sich das Glied mehrmals einreibt; bald wird dies eine bedeutsame Stärkung erfahren.

Man kann auch Fichtenharz und Wachs nehmen, die man mischt mit Pfeifen- oder Orgelkoralle, Asphodille und Schusterleim, womit man sich dann das Glied einreibt; es wird sich dadurch stark vergrößern.

Die Wirksamkeit all dieser Mittel ist anerkannt, und ich habe sie erprobt.

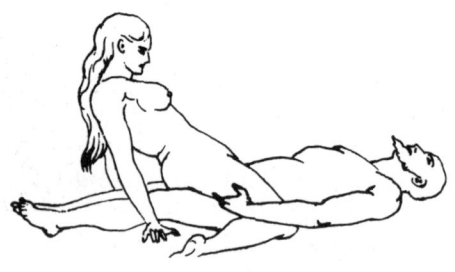

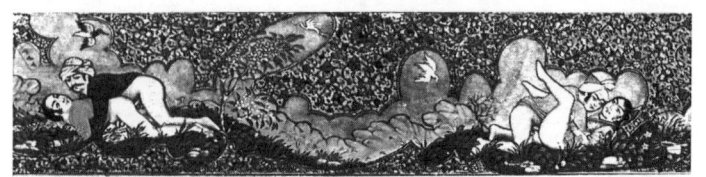

NEUNZEHNTES KAPITEL

Über die Mittel, die den üblen Geruch aus den Achselhöhlen und dem Schoß der Frauen entfernen und auf letzteren zusammenziehend wirken

Wisse, mein Vezir — Gott sei dir barmherzig! —, daß der schlechte Geruch der weiblichen Achselhöhlen und des Schoßes sowie die allzu weite Ausdehnung des letzteren große Übel darstellen.

Will die Frau diesen üblen Geruch beseitigen, so möge sie rote Myrrhe zerstoßen und durchsieben, dies Pulver alsdann mit Myrtenwasser durchkneten und sich die Achselhöhlen mit der hieraus hergestellten Salbe einreiben. So wird jede unangenehme Ausdünstung verschwinden.

Ein anderes Mittel gewinnt man durch Zerstoßen von

Lavendel, den man dann mit wohlriechendem Rosenwasser verknetet. Hierein taucht man ein Stück Wolle, womit man sich einreibt. Der schlechte Geruch widersteht nicht der Wirksamkeit dieses Mittels.

Soll die Zusammenziehung des Schoßes erreicht werden, so braucht die Frau nur Alaun in Wasser zu lösen und sich mit der Lösung die Geschlechtsteile zu waschen. Die Lösung kann man vorteilhaft mit einem Aufguß von Nußbaumrinde mischen, da diese sehr zusammenziehende Eigenschaften hat.

Ein anderes Heilmittel besteht darin, in Wasser Johannisbrot kochen zu lassen, aus dem man die Kerne entfernt hat, vermischt mit Granatbaumrinde. Die Frau nimmt ein Sitzbad in dem so gewonnenen Sud, der so heiß gebraucht werden soll, als es irgendwie ertragen werden kann; ist das Bad abgekühlt, so erhitzt man es wieder und nimmt ein neues. Wiederholt soll die Frau in das Bad tauchen. Den gleichen Erfolg erzielt sie, wenn sie ihren Schoß den Dämpfen von Rindsmist aussetzt.

Um den üblen Geruch aus den Achselhöhlen zu beseitigen, nimmt man auch Antimon und Mastix, die man zusammen zerstößt und dann mit Wasser in einen

Tontopf bringt. Die Mischung reibt man gegen die Wände des Topfes, bis er rot wird, alsdann ist sie geeignet, in die Achselhöhlen gerieben zu werden, deren üblen Geruch sie beseitigt. Die Salbe ist wiederholt anzuwenden, sie hilft dann gründlich.

Das gleiche erreicht man, wenn man Antimon und Mastix zusammen zerstößt, beides in einem Ofen bei gelindem Feuer brät, bis die Mischung die Festigkeit des Brotes hat, und diesen Rückstand alsdann auf einem Stein zerreibt, so daß er das ihn bedeckende Häutchen verliert. Hiermit reibt man sich nun die Achselhöhlen ein, deren schlechter Geruch sicherlich bald verschwinden wird.

Zwanzigstes Kapitel

Unterweisungen
über die Schwangerschaft und
wie das Geschlecht
des zu gebärenden Kindes
erkannt wird

Wisse, mein Vezir — Gott sei dir barmherzig! —, die sicheren Anzeichen der Schwangerschaft sind folgende: Trockenheit des Schoßes gleich nach der Vereinigung, das Bedürfnis der Frau, sich auszustrecken, Anfälle starker Schläfrigkeit, ein schwerer und tiefer Schlaf, häufig eine Zusammenziehung der Öffnung des Schoßes, so daß man selbst nicht mit einem *meroud* eindringen kann, des weiteren eine dunkle Färbung der Brustwarzen und endlich, was das sicherste Anzeichen ist, das Ausbleiben der Monatsregel.

Hat die Frau ihren guten Gesundheitszustand im Augenblick, in dem die Schwangerschaft offenbar wurde, nicht verloren, fühlt sie später keinerlei Unpäßlichkeit, ist ihr Gesicht von gutem Aussehen und ihre Gesichtsfarbe klar, stellen sich keine roten Flecken ein, so ist dies ein Anzeichen, daß sie einen Knaben im Mutterleib hat.

Auch die Röte der Brustwarzen deutet darauf hin, daß das Kind männlichen Geschlechts sein wird. Die starke Entwicklung des Busens, sowie Nasenbluten, wenn es aus dem rechten Nasenloch kommt, sind Anzeichen im gleichen Sinne.

Der Anzeichen, die darauf schließen lassen, daß die Frau ein Mädchen empfangen hat, gibt es zahlreiche. So will ich anführen: die häufigen Unpäßlichkeiten während der Schwangerschaft, eine kränkliche Gesichtsfarbe, rote Flecken, Gebärmutterleiden, wiederholtes Alpdrücken, schwarze Verfärbung der Brustwarzen, Empfindung eines schweren Gewichts auf der linken Seite, Nasenbluten auf der gleichen Seite.

Bestehen Zweifel über die Schwangerschaft der Frau, so läßt man sie im Augenblick des Zubettgehens Honigwasser trinken; stellt sich dann ein schweres Gefühl im Unterleib ein, so ist dies ein Zeichen der Schwangerschaft. Ist die rechte Seite schwerer als die linke, so deutet dies auf einen Knaben. Sind die Brüste voll, so ist dies gleichfalls ein Anzeichen, daß das künftige Kind männlichen Geschlechts sein wird.

Meine Angaben habe ich von Gelehrten, und all diese Anzeichen sind zuverlässig.

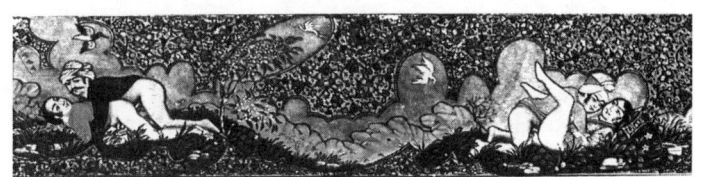

Die Schlußfolgerung aus diesem Werk und eine Abhandlung über die der Liebe günstigen Wirkungen des Verschluckens von Eiern

Wisse, mein Vezir — Gott sei dir barmherzig! —, dies Kapitel enthält die nützlichsten Anweisungen zur Stärkung der Liebeskraft, und sowohl der Greis als auch der fertige Mann und Jüngling vermögen daraus Nutzen zu ziehen.

Hierüber äußert sich der Scheich, der seine Ratschläge den Geschöpfen des hohen Gottes bringt, er, der Weiseste, der Gelehrteste unter seinen Zeitgenossen; vernimm also seine Worte:

Wer täglich nüchtern Eigelb ohne das Weiß ißt, wird in dieser Nahrung ein starkes Anregungsmittel finden.

Nicht minder der, der drei Tage lang Eigelb mit gehackten Zwiebeln essen wird.

Wer Spargel kochen, dann in Fett braten und dann das Gelb von Eiern mit zerstoßenen Gewürzen dazugeben und jeden Tag von diesem Gericht essen wird, empfängt starke Liebeskraft und ein Reizmittel seiner Gelüste.

Wer Zwiebeln schält, sie in einen Topf mit Gewürzen bringt, dann diese Mischung mit Öl und Eigelb brät und diese Nahrung mehrere Tage nimmt, wird eine Liebeskraft erwerben, die jede Vorstellung und Schätzung übertreffen wird.

Kamelmilch mit Honig, wenn man davon trinkt, entwickelt eine Kraft, über die man sich keine Rechenschaft ablegen kann und die bewirkt, daß die Manneskraft weder am Tag noch in der Nacht erlischt.

Wer einige Tage lang sich von gekochten Eiern, denen Myrrhe, Zimt und Pfeffer beigesetzt ist, ernährt, wird eine gewaltige Stärkung seines Liebesverlangens erleben.

Sein Glied wird eine so strotzende Anschwellung annehmen, daß es scheinen wird, als wolle es nicht mehr zur Ruhe kommen.

Wer sich eine ganze Nacht der Liebe hingeben will, da ihn dies Gelüst aber plötzlich überkam, nicht mehr vorher in der Lage ist, die von mir erwähnten Vorbereitungen zu treffen und Kostanordnungen zu befolgen, möge zu folgendem Hilfsmittel greifen: er verschaffe sich eine große Anzahl Eier, so viel, daß er sich daran satt essen könnte, backe sie in einem Ofen mit frischem Fett und Butter; sind sie dann soweit, so tauche er sie in Honig und mische das Ganze. Davon esse er soviel wie möglich mit etwas Brot, und er mag sicher sein, daß seine Kraft nicht erlahmt.

Folgende Verse behandeln diesen Gegenstand:

Abou el Heiloukhs Glied blieb aufgerichtet
An dreißig aufeinanderfolgenden Tagen dank der
  Zwiebeln.
Abou el Heidja seinerseits hat in einer Nacht
Achtzig Mädchen entjungfert, ohne Nahrung
  während des Vorgangs zu nehmen.
Doch nachdem er vorher sich an Kichererbsen
  gesättigt und
Kamelmilch mit Honig vermischt getrunken hatte.
Nicht vergessen will ich den Neger Mimoun, dem es
  glückte, ununterbrochen ergießend,
Ohne Stillstand fünfzig Tage hintereinander sich zu
  vereinigen.
Wie glücklich war er, eine solche Aufgabe zu
  erfüllen!
Selbst wenn seine Leistung zehn Tage mehr
  betragen hätte,
Was sechzig Tage der Vereinigung ausgemacht hätte,
  wäre er noch nicht gesättigt gewesen.
Doch während dieser Probezeit nährte er sich nur
  von Eigelb und Brot.

Diese Geschichten über Abou el Heiloukh, Abou el
Heidja und Mimoun, die ich soeben angeführt habe,
sind mit Recht berühmt und wirklich wunderbar.

So will ich dich damit bekannt machen, wenn es Gott
gefällt, um damit die Dienste zu vervollständigen, die
dieses Werk der Menschheit zu leisten berufen ist.

Der Scheich, der Beschützer der Religion — der höchste
Gott sei ihm barmherzig! — erzählt, daß einst in fernen
Zeiten ein berühmter König lebte, der über zahlreiche
Heere und unermeßliche Reichtümer verfügte.

Dieser König hatte sieben Töchter, die durch ihre
Schönheit und sonstigen Vorzüge ausgezeichnet waren.

Alle sieben waren eine nach der anderen zur Welt gekommen, ohne daß ein Knabe zwischen ihnen war.

Die Könige jener Zeit begehrten sie zur Ehe, doch sie lehnten es ab, sich zu verheiraten. Sie trugen Männerkleidung, ritten prächtige mit goldgesticktem Geschirr versehene Pferde, wußten den Säbel und die Lanze zu führen und überwanden die Männer im Einzelkampf. Jede besaß einen herrlichen Palast, der mit Dienern und den nötigen Sklaven versehen war, die sie für ihre Bedienung, für die Bereitung von Speise und Trank sowie für andere Bedürfnisse dieser Art brauchten.

Sobald ein Heiratsantrag für eine der Töchter zum König gelangte, verfehlte er nicht, ihn der Betreffenden vorzulegen, doch alle antworteten unabänderlich: »Niemals!«

Verschieden waren die Schlüsse, die man aus diesen Ablehnungen zog: die einen dachten gut, die anderen schlecht darüber.

Lange Zeit konnte man über die Gründe eines solchen Verhaltens keinen sicheren Aufschluß bekommen, und die Töchter verharrten in ihrer Handlungsweise bis zum Tode ihres Vaters. Die Älteste wurde nun als seine Nachfolgerin berufen und erhielt von all ihren Untertanen den Treueid. Die Kunde von dieser Thronbesteigung hallte in allen Ländern wider.

Die älteste Tochter hieß Fouzel Djemal — die Blüte der Schönheit —, die zweite Soltana el Agmar — die Königin der Monde —, die dritte Bediâat el Djemal — die unvergleichliche Schönheit —, die vierte Ouarda — die Rose —, die fünfte Mahmouda — die Lobenswerte —, die sechste Kamela — die Vollkommene —, und endlich die siebente Zohra — die Schöne.

Zohra, die jüngste, war auch unter allen die klügste und hatte das sicherste Urteil.

Leidenschaftlich liebte sie die Jagd, und eines Tages,

als sie über das Feld lief, begegnete sie unterwegs einem Edelmanne, der von zwanzig Dienern begleitet war und sie begrüßte; sie erwiderte seinen Gruß. Der Edelmann glaubte, eine Frauenstimme zu erkennen, doch da Zohras Gesicht mit einem Zipfel ihres Haik bedeckt war, war er unsicher und sagte sich: »Ich möchte gerne wissen, ob dies ein Mann oder eine Frau ist.« Er wandte sich an einen der Diener der Fürstin, der seine Zweifel zerstreute. Sich Zohra nähernd, unterhielt er sich liebenswürdig mit ihr bis zum Augenblick, wo sie zum Frühstück haltmachten. Er setzte sich neben sie, um es mit ihr einzunehmen.

Entgegen der Hoffnung, die der Edelmann gehegt hatte, entblößte die Fürstin nicht ihr Gesicht und lehnte es sogar ab, Nahrung zu sich zu nehmen. Sie gab vor, fasten zu müssen. So konnte er nur verstohlen die Schönheit ihrer Hand, die Anmut ihrer Gestalt und den liebevollen Ausdruck ihrer Augen bewundern. Sein Herz ward von heftiger Liebe erfüllt.

Zwischen beiden entspann sich folgende Unterhaltung:

Der Edelmann: »Ist dein Herz empfänglich für Freundschaft?«

Zohra: »Es steht dem Mann nicht zu, für die Frau Freundschaft zu hegen; denn wenn ihre Herzen eine beiderseitige Neigung fassen, so stellen sich alsbald begehrliche Gelüste ein, und da sie der Satan dann zum Bösen verleitet, so ist ihr Fall bald allen bekannt.«

Der Edelmann: »Es trifft dies aber nicht zu, sobald die Neigung echt und die Beziehungen rein sind, ohne Untreue und Verrat.«

Zohra: »Gibt eine Frau ihrer Neigung zu einem Manne nach, so wird sie bei allen ein Gegenstand übler Nachrede und Verachtung, woraus für sie Kummer und Leid hervorgehen.«

Der Edelmann: »Doch unsere Liebe soll geheim bleiben, und wir werden an diesem abgelegenen Ort, an dem wir uns treffen können, Mittel und Wege finden, Beziehungen anzuknüpfen, die allen verborgen bleiben.«

Zohra: »Das geht nicht. Es wäre übrigens nicht leicht zu machen, denn wir würden bald einen Gegenstand des Argwohns bilden, und aller Augen würden sich auf uns richten.«

Der Edelmann: »Doch die Liebe ist die Quelle des Lebens. Das Glück, es sind die Begegnungen, die Umarmungen, die Liebkosungen der Liebenden, es ist das Opfer des Vermögens und des Lebens für den Gegenstand der Liebe.«

Zohra: »Deine Worte verraten Liebe, dein Lächeln ist verführerisch, doch tust du besser, solche Reden zu unterlassen.«

Der Edelmann: »Dein Wort gleicht dem Smaragd, und deine Ratschläge sind aufrichtig. Doch die Liebe hat nun einmal in meinem Herzen Wurzel gefaßt, und nichts vermag sie herauszureißen. Gehst du weg von mir, so bedeutet dies meinen sicheren Tod.«

Zohra: »Trotzdem mußt du zu deiner und ich muß zu meiner Wohnung zurückkehren. Gefällt es Gott, so werden wir uns wiedersehen.«

Der Edelmann hieß Abou el Heidja. Sein Vater mit Namen Kherioun war ein sehr angesehener, unermeßlich reicher Kaufmann, dessen Wohnung einsam und außerhalb der Staaten der Fürstin lag, eine Tagesreise von deren Schloß entfernt.

Nach Hause zurückgekehrt, konnte Abou el Heidja nicht zur Ruhe kommen, und als die Nacht anbrach, bekleidete er sich mit seinem Temeur, legte einen schwarzen Turban an und gürtete sich unter seinem Temeur den Säbel um. Dann stieg er zu Pferde, nahm seinen

Lieblingsneger Mimoun mit und entfernte sich heimlich unter dem Schutz der Dunkelheit.

Die ganze Nacht ritten sie ohne Aufenthalt bis zum Tagesanbruch. In der Morgenröte hielten sie im Gebirge an und traten mit ihren Pferden in eine Höhle, die sie in der Umgebung entdeckten.

Abou el Heidja befahl dem Neger, auf die Pferde aufzupassen, und entfernte sich dann in der Richtung des Schlosses, um dessen Zugänge zu prüfen. Er fand es von einer sehr hohen Mauer umgeben. Da er nicht eindringen konnte, hielt er sich in einer gewissen Entfernung, um die Herauskommenden zu beobachten. Doch der ganze Tag verstrich, ohne daß er irgend jemand herauskommen sah.

Nach Sonnenuntergang setzte er sich an den Eingang der Höhle und setzte dort seine Beobachtungen fort bis Mitternacht. In diesem Augenblick übermannte ihn der Schlaf.

Er war eingeschlafen, den Kopf auf die Knie seines Dieners Mimoun gestützt, als dieser ihn plötzlich weckte.

»Was gibt's denn?« fragte er ihn.

»Mein Herr«, antwortete Mimoun, »ich habe in der Höhle ein Geräusch vernommen und ein schwaches Licht darin leuchten sehen.«

Sogleich stand er auf, sah nach und bemerkte in der Tat ein Licht, auf das er zuging und das ihn zu einer Vertiefung der Höhle führte. Nachdem er dem Neger aufgetragen, auf ihn zu warten, während er feststellen wollte, woher das Licht kam, nahm er seinen Säbel und drang in die Höhle vor. Dort fand er ein unterirdisches Geschoß, in das er hinabstieg.

Der Weg war fast ungangbar, doch nach vieler Mühe erreichte er endlich eine Art Spalte, aus der das Licht drang, das er beobachtet hatte. Er blickte hindurch und sah die Fürstin Zohra, von ungefähr hundert Jungfrauen umgeben. Sie befanden sich in einem prächtigen, in das Herz des Gebirges gegrabenen Palast, der herrlich ausgestattet war und in dem das Gold in allen Formen glitzerte. Die Jungfrauen aßen, tranken und gaben sich den Freuden der Mahlzeit hin.

Abou el Heidja sagte sich: »Ach, ich habe keinen Gefährten, der mir in dieser schlimmen Lage beistehen könnte!«

Nachdenklich verließ er den Ort, kehrte zu seinem Diener Mimoun zurück und sprach zu ihm:

»Geh zu meinem Bruder vor Gott Abou el Heiloukh, und sag ihm, er möge so schnell wie möglich zu mir kommen.«

Der Diener stieg sogleich zu Pferd und ritt den Rest der Nacht hindurch.

Von all seinen Freunden schätzte Abou el Heidja den Abou el Heiloukh am meisten; er war der Sohn des Vezirs. Dieser junge Mann, Abou el Heidja und der Neger Mimoun, galten für die drei stärksten und furchtlosesten Männer ihrer Zeit, und niemandem glückte es, beim Kampf über sie den Sieg davonzutragen.

Als der Neger Mimoun bei dem Freund seines Herrn angelangt war und ihm von dem Vorgefallenen Mitteilung machte, rief dieser aus:

»Gewiß. Wir gehören Gott und werden zu ihm zurückkehren!«

Alsdann nahm er seinen Säbel, stieg zu Pferd, nahm seinen Lieblingsneger mit und schlug mit Mimoun den Weg zur Höhle ein. Abou el Heidja trat heraus, ging auf ihn zu, begrüßte ihn und teilte ihm mit, welche Folgen seine Liebe zu Zohra für ihn hatte. Dann drückte er seine Absicht aus, mit Gewalt in den Palast vorzudringen, und unterließ nicht, die Umstände zu erzählen, die ihn in diese unterirdische Höhle geführt hatten. Abou el

Heiloukh kam aus seiner Überraschung gar nicht mehr heraus.

Bei Anbruch der Nacht vernahmen sie Gesang, lautes Lachen und angeregte Unterhaltung. Abou el Heidja sprach zu seinem Freund:

»Dringe bis zum Hintergrund des unterirdischen Baues vor und schaue. Du wirst die Liebe deines Bruders verzeihen.«

Abou el Heiloukh rutschte bis zum unteren Teil der Höhle, warf einen Blick in das Innere des Palastes und wurde in der Tat in Erstaunen versetzt über diese Jungfrauen und ihre Reize.

»Bruder«, sagte er, »welche unter diesen Frauen ist Zohra?«

Abou el Heidja antwortete:

»Es ist jene, deren Haltung nichts gleichkommt, deren Lächeln unwiderstehlich ist, die rosige Wangen und eine weißblendende Stirn hat, deren Kopf mit einer Krone von Perlen geschmückt ist, und deren Gewänder von Gold funkeln. Sie sitzt auf einem Thron, der mit Edelsteinen eingelegt und mit silbernen Nägeln versehen ist, und ihr Mund ruht auf ihre Hand gestützt.«

»Ich habe sie unter allen bemerkt«, sagte Abou el Heiloukh, »als wäre sie eine Standarte oder leuchtende Fackel. Ich muß dich auf etwas aufmerksam machen, was dir entgangen ist.«

»Und das wäre?« fragte Abou el Heidja.

»Mein Bruder, sicherlich herrscht in diesem Palast die Ausschweifung. Bemerke, man kommt nur in der Nacht hierher, und es ist ein einsamer Ort. So muß man annehmen, daß er ausschließlich Gastereien, Trinkgelagen und Ausschweifungen geweiht ist, und wenn es dir in den Sinn gekommen ist, es sei dir möglich, zu dem Gegenstand deiner Liebe auf einem anderen Weg als auf diesem zu gelangen, so hast du dich geirrt, auch wenn du ein Mittel gefunden hättest, mit ihr durch Vermittler in Verbindung zu treten.«

»Und warum denn?« sprach Abou el Heidja.

»Weil nach dem, was ich sehe«, antwortete sein Freund, »Zohra die Neigung der jungen Mädchen sucht, was zu beweisen scheint, daß sie kein Verlangen nach Männern hat und gegen ihre Liebe unempfindlich ist.«

»Abou el Heiloukh«, versetzte Abou el Heidja, »ich kenne die Sicherheit deines Urteils, und deshalb ließ ich dich holen. Du weißt sehr gut, daß ich nie gezögert habe, deiner Meinung und deinen Ratschlägen zu folgen.«

»Mein Bruder«, erwiderte der Sohn des Vezirs, »hätte dich der hohe Gott nicht auf die Spur zu dem Eingang dieses unterirdischen Palastes gebracht, nie hättest du zu Zohra gelangen können. Doch wenn es Gott gefällt, werden wir uns hier einen Zugang verschaffen.«

Tags darauf, sobald der Morgen anbrach, trugen sie ihren Dienern auf, eine gewaltsame Öffnung anzulegen und es gelang ihnen, alles was hinderlich war, zum Verschwinden zu bringen. Alsdann bargen sie ihre Pferde in einer anderen Höhle vor wilden Tieren und Dieben und betraten alle vier, Abou el Heiloukh, sein Diener, Abou el Heidja und dessen Diener die Höhle und drangen in den Palast ein, wobei jeder sich mit seinem Säbel und Schild versah. Hierauf machten sie die Öffnung zu und setzten sie in den früheren Stand.

Sie befanden sich jetzt in der Dunkelheit, doch Abou el Heiloukh schlug den Feuerstahl und zündete eine Kerze an, worauf sie den Palast nach allen Richtungen durchliefen. Er erschien ihnen als Wunder der Wunder. Die Einrichtung war herrlich. Überall waren indes nur Kissen aller Art, reiche Armleuchter, glänzende Kronleuchter, prächtige Teppiche und Tische, bedeckt mit Gerichten, Früchten und Getränken anzutreffen.

Als sie all diese Reichtümer bewundert hatten, gingen sie dazu über, die Zimmer zu prüfen und zu zählen. Sie waren sehr zahlreich, und im letzten zog eine sehr kleine verstohlene Tür, die verschlossen war, ihre Aufmerksamkeit auf sich. Abou el Heiloukh sagte:

»Sehr wahrscheinlich ist dies die Tür, die mit dem Palast in Verbindung steht. Komm, mein Bruder, wir wollen die Ereignisse in einem dieser Zimmer abwarten.«

Sie ließen sich daher in einem kleinen, hohen Zimmer mit sehr verstecktem Zugang nieder, woraus man beobachten konnte, ohne gesehen zu werden.

Hier warteten sie den Anbruch der Nacht ab. In diesem Augenblick öffnete sich die heimliche Tür, um eine Negerin hereinzulassen, die eine Fackel trug und all die Leuchter anzündete, die Gedecke auflegte, alle Arten von Speisen auftrug, die Schalen zurechtstellte, Flaschen aufstellte und endlich die Luft mit köstlichen Wohlgerüchen erfüllte.

Bald darauf erschienen die Jungfrauen. Sie setzten sich auf die Diwane, und die Negerin brachte ihnen Speise und Trank; sie aßen, tranken und sangen mit wohlklingenden Stimmen.

Als sie, vom Wein berauscht, die vier Männer sahen, kamen diese aus ihrem Versteck hervor, ihre Säbel über den Köpfen der Jungfrauen schwingend. Vorher hatten sie sich sorgfältig mit dem unteren Teil ihres Haik das Gesicht verhüllt.

»Wer sind diese Leute«, rief Zohra aus, »die unter dem Schutz der Nacht in unsere Behausung eindringen? Seid ihr aus dem Innern der Erde aufgestiegen oder vom Himmel herabgekommen? Was wollt ihr?«

»Wir wollen Liebe!« riefen sie.

»Von wem?« versetzte Zohra.

»Von dir, mein Augapfel«, sagte nun Abou el Heidja, indem er vortrat.

Zohra: »Wer bist du?«

Abou el Heidja: »Ich bin Abou el Heidja.«

Zohra: »Doch woher kennst du mich?«

Abou el Heidja: »Ich habe dich auf der Jagd getroffen.«

Zohra: »Doch wer konnte dich hierher führen?«

Abou el Heidja: »Der Wille des hohen Gottes.«

Auf diese Antwort hin verhielt sich Zohra schweigend und überlegte, welche Mittel sie anwenden könnte, um sich dieser Zudringlichen zu entledigen. Nun waren unter diesen Jungfrauen viele, die noch kein Mann berührt hatte; auch eine Frau war darunter mit Namen Mouna — die jede Leidenschaft Befriedigende —, die niemand in der Liebe zu sättigen vermochte. So dachte sie bei sich: Nur eine List kann mich von diesen Leuten befreien. Mittels dieser Frauen will ich ihnen Bedingungen auferlegen, die sie unmöglich erfüllen können, und so werde ich sie abweisen. Sich an Abou el Heidja wendend, sprach sie zu ihm:

»Nur dann wirst du mich besitzen, wenn ihr die Bedingungen erfüllt, die ich zu stellen wünsche.«

Die vier Reiter beeilten sich, sie im voraus anzunehmen, und sie fuhr fort:

»Doch falls ihr sie nicht erfüllt, verpflichtet ihr euch, meine Gefangenen zu werden und euch zu meiner vollen Verfügung zu stellen?«

»Wir verpflichten uns hierzu«, antworteten sie.

Sie nahm ihnen den Eid ab, ihrem Wort treu zu bleiben; ihre Hand alsdann in die Abou el Heidjas legend, sprach sie zu ihm:

»Was dich betrifft, so lege ich dir die Verpflichtung auf, achtzig Jungfrauen zu entjungfern, ohne zu ergießen. Dies ist mein Wille!«

»Ich nehme ihn an«, antwortete er.

Nun ließen sie ihn in ein Zimmer eintreten, in dem sich verschiedene Betten befanden, und schickte ihm die achtzig Jungfrauen eine nach der anderen zu. Abou el Heidja liebte sie alle, ohne in seiner Kraft nachzulassen; er beraubte so in einer einzigen Nacht achtzig junge Mädchen ihrer Jungfernschaft, ohne daß sein Glied den kleinsten Tropfen Samen entschlüpfen ließ. Eine so außergewöhnliche Stärke setzte Zohra sowie alle Anwesenden in Erstaunen.

Die Fürstin wandte sich zu dem Neger Mimoun und fragte: »Und dieser da, wie ist sein Name?«

»Mimoun«, antwortete er.

»Was dich betrifft«, sagte sie zu ihm, auf Mouna weisend, »so wirst du diese Frau während fünfzig Tagen hintereinander lieben, ohne dich auszuruhen; falls dich aber eine übergroße Müdigkeit zwänge, anzuhalten, hättest du deine Verpflichtungen nicht erfüllt.«

Alle schrien auf über die Härte einer solchen Bedingung, doch der Neger Mimoun sagte schlicht:

»Ich nehme die Bedingung an und werde sie ehrlich erfüllen.«

Dieser Neger war nämlich von einer unersättlichen Leidenschaft.

Zohra hieß ihn mit Mouna in deren Zimmer treten und befahl ihr, sie zu benachrichtigen, sobald sie die geringste Spur von Ermüdung bei dem Neger bemerke.

»Und du, wie ist dein Name?« sprach sie, sich an den Freund Abou el Heidjas wendend.

»Abou el Heiloukh«, antwortete er.

»Nun wohl, Abou el Heiloukh, ich verlange von dir, daß du während dreißig Tagen vor diesen Frauen und Jungfrauen verweilest, ohne daß du während dieser Zeit, Tag und Nacht, aufhörst, dich als Mann zu beweisen.«

Und zum vierten endlich sprach sie:

»Wie heißt du?«

»Felah«, war die Antwort.

»Gut, Felah«, schloß sie, »du wirst zu unserer Verfügung stehen für sämtliche Dienste, die wir dir auferlegen.«

Zohra wollte ihnen keinen Entschuldigungsgrund lassen und ihnen keine Veranlassung geben, sie schlechter Hintergedanken zu beschuldigen; so hatte sie sie vorher über die Kost, die sie während dieser Probezeit einzunehmen wünschten, befragt. Abou el Heidja hatt als einziges Getränk, mit Ausschluß von Wasser, Kamelmilch mit Honig erbeten und als Nahrung gekochte Kichererbsen mit Fleisch und viel Zwiebeln, und dank dieser Ernährung vermochte er unter Gottes Beistand seine rühmliche Heldentat zu vollbringen.

Abou el Heiloukh verlangte als Nahrung gekochte Zwiebeln mit Fleisch und als Getränk den Saft, den er aus zerstoßenen Zwiebeln ausdrückte und den er mit Honig zu sich nahm. Mimoun seinerseits erbat Eigelb und Brot.

Abou el Heidja beanspruchte indessen von Zohra die Gunst, sie lieben zu dürfen, und stützte sich dabei darauf, daß er seine übernommene Verpflichtung erfüllt habe. Sie antwortete ihm:

»Unmöglich, die Abmachung muß im ganzen eingehalten werden, dann werde ich getreu mein Versprechen einhalten. Erfüllt aber auch nur ein einziger unter euch seine Aufgabe nicht, so werdet ihr alle meine Gefangenen werden nach Gottes Willen.«

Dieser Festigkeit gegenüber beschied sich Abou el Heidja, sich zwischen die Frauen und Jungfrauen zu setzen und mit ihnen zu essen und zu trinken, die Prüfungsfrist seiner Gefährten abwartend.

Im Anfang war Zohra, in der Überzeugung, daß sie ihr bald auf Gnade und Ungnade ausgeliefert sein würden, von einer zunehmenden Liebenswürdigkeit und Zuvorkommenheit, als aber der zwanzigste Tag herankam, begann sie traurig zu werden, und am dreißigsten konnte sie ihre Tränen nicht mehr zurückhalten. Dies war nämlich das Ende der Abou el Heiloukh auferlegten Prüfungsfrist. Als sie zu seinen Gunsten verlaufen war, nahm er an der Seite seines Freundes Platz, inmitten der Frauen und Jungfrauen, die ruhig fortfuhren, reichlich weiter zu essen und zu trinken.

Nun rechnete die Fürstin, die ihre Hoffnung nur noch auf den Neger Mimoun setzte, damit, daß dieser ermüden und so die gestellte Aufgabe nicht erfüllen würde. Jeden Tag ließ sie bei Mouna Nachrichten einholen, die ihr aber antwortete, des Negers Kraft sei nur im Wachsen begriffen, und so begann sie langsam zu verzweifeln. Eines Tages sprach sie:

»Ich habe über den Neger Nachricht eingeholt und Mouna ließ mich wissen, er sei erschöpft vor Müdigkeit.«

Bei diesen Worten rief Abou el Heidja aus:

»Bei Gott! Führt er seine Aufgabe nicht zu gutem Ende, ja überschreitet er nicht sogar die ihm gestellte Frist um zehn Tage, so soll er eines schimpflichen Todes sterben!«

Doch der treue Diener hatte sich während der fünfzig Tage nicht einen Augenblick Ruhe gegönnt und legte sogar die ihm von seinem Herrn befohlenen zehn Tage noch zu. Mouna ihrerseits war sehr befriedigt darüber, da so endlich ihre unersättliche Glut gestillt wurde. Mimoun hatte also siegreich seine Prüfung bestanden und konnte sich zu seinen Genossen setzen.

Abou el Heidja sagte nun zu Zohra:

»Sieh, alle Bedingungen, die du uns gestellt, haben wir erfüllt. An dir ist es nun, mir die Gunst zu erweisen, die nach unserer Vereinbarung unser Siegespreis sein sollte.«

»Das ist nur recht und billig«, antwortete die Fürstin,

und gab sich ihm hin. Und er erkannte sie als die Herrlichste der Herrlichen.

Und der Neger Mimoun heiratete Mouna. Abou el Heiloukh wählte unter allen die Jungfrau, die ihm am reizvollsten erschien.

Alle blieben sie in dem Palast, gaben sich den Tafelfreuden und allen Genüssen hin, bis zu dem Augenblick, da der Tod ihrem glücklichen Dasein ein Ende setzte und ihren Bund löste. Gott sei ihnen wie allen Muselmanen barmherzig! Amen!

Diese Geschichte habe ich erzählt, da sie Zeugnis ablegt von der Wirksamkeit der Speisen und Heilmittel, deren Gebrauch ich zur Stärkung für die Liebe empfohlen habe und deren heilsame Wirkung alle unterrichteten Leute einstimmig anerkennen.

Noch andere Getränke sind zu erwähnen, deren Gebrauch vortrefflich ist.

Man mische ein Maß ausgepreßten Zwiebelsaft mit zwei Maß seines Schaumes entledigten Honigs. Man erhitze das alles auf gelindem Feuer, bis der Zwiebelsaft eingekocht ist und der Honig allein übrigbleibt. Den Rückstand nimmt man vom Feuer, läßt ihn erkalten und hebt ihn auf, um sich seiner im gegebenen Augenblick zu bedienen. Dann mische man ein Aoukia davon mit drei Aouk Wasser, weiche Kichererbsen einen Tag und eine Nacht ein und tue sie hinzu.

Dieses Getränk nimmt man, wenn man zu Bett geht. Es darf nur in geringer Menge und nur einmal am Tag genommen werden. Denn, der es so trinkt, wird seine Kraft nie verlassen. Nimmt man es mehrere Tage hintereinander, so bleibt das Glied ununterbrochen aufgerichtet und steif, und die Aufrichtung läßt nicht nach. Wer ein hitziges Temperament hat, darf das Getränk nicht zu sich nehmen, da es den Nachteil hätte, Fieber zu erzeugen. Man darf es auch nicht drei Tage hintereinander nehmen, es sei denn, man sei alt oder von kühlem Temperament. Endlich darf man es auch nicht im Sommer nehmen.

Gewiß habe ich eine Sünde begangen, als ich dies
  Buch schrieb,
Doch vergib mir, du, den man nicht umsonst anfleht!
O Gott, verhänge deshalb keine Schande über mich
  am Tag des Jüngsten Gerichts.
Und du, lieber Leser, ich beschwöre dich, sprich: »So
  sei es!«